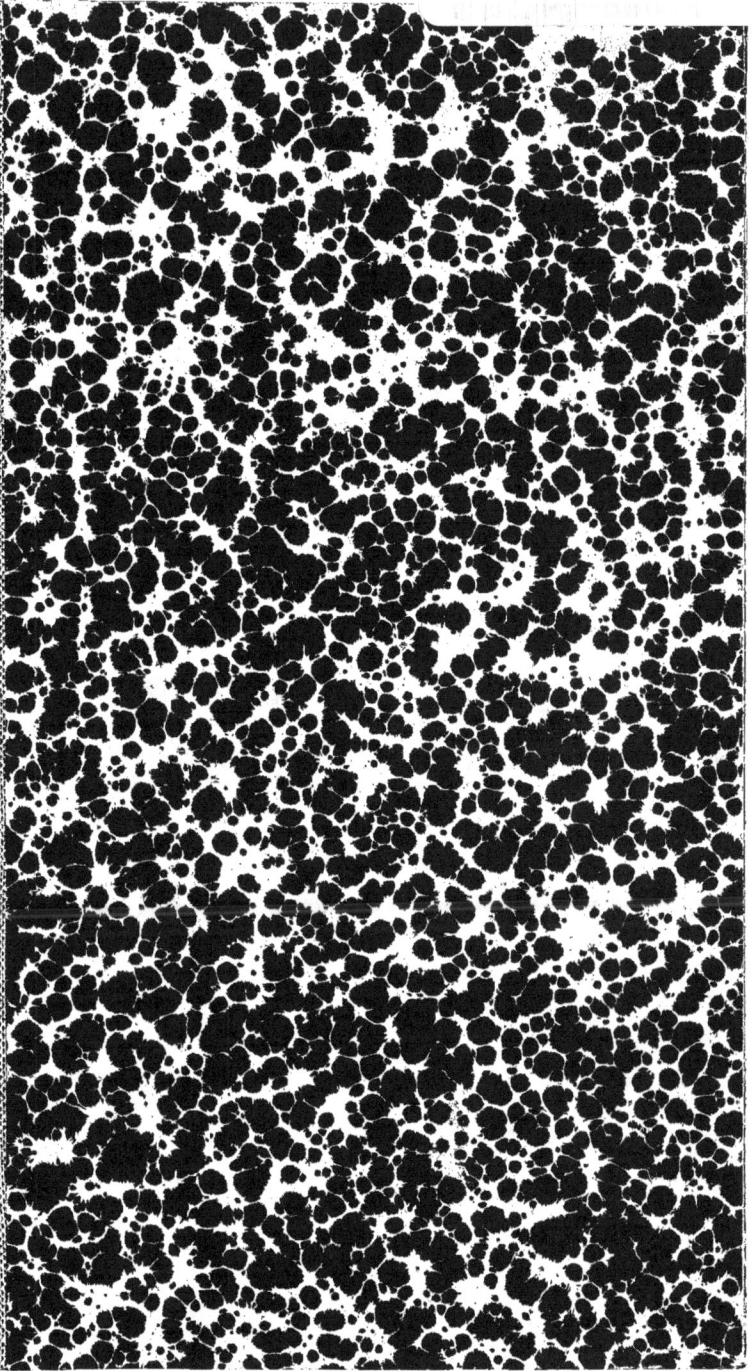

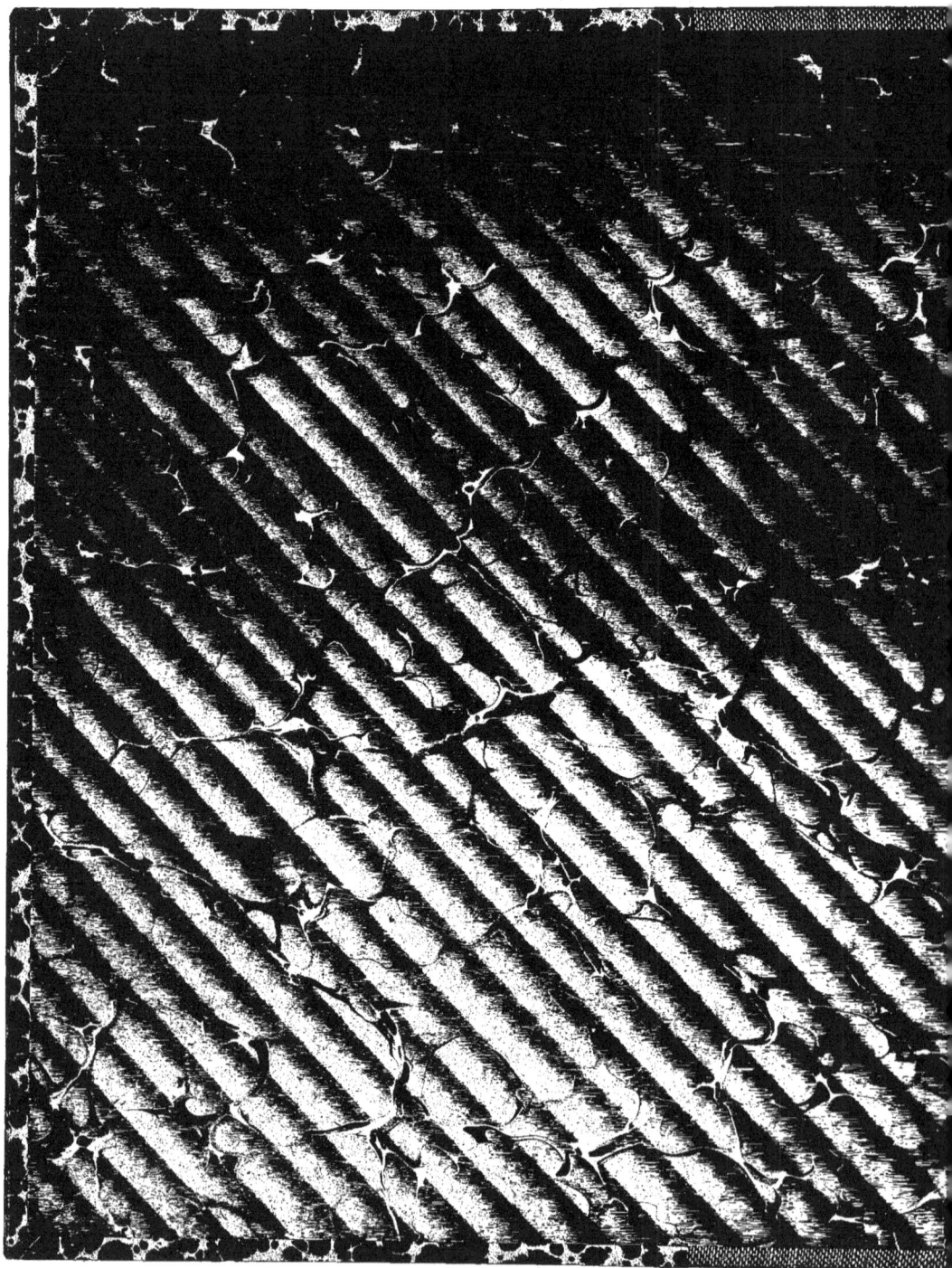

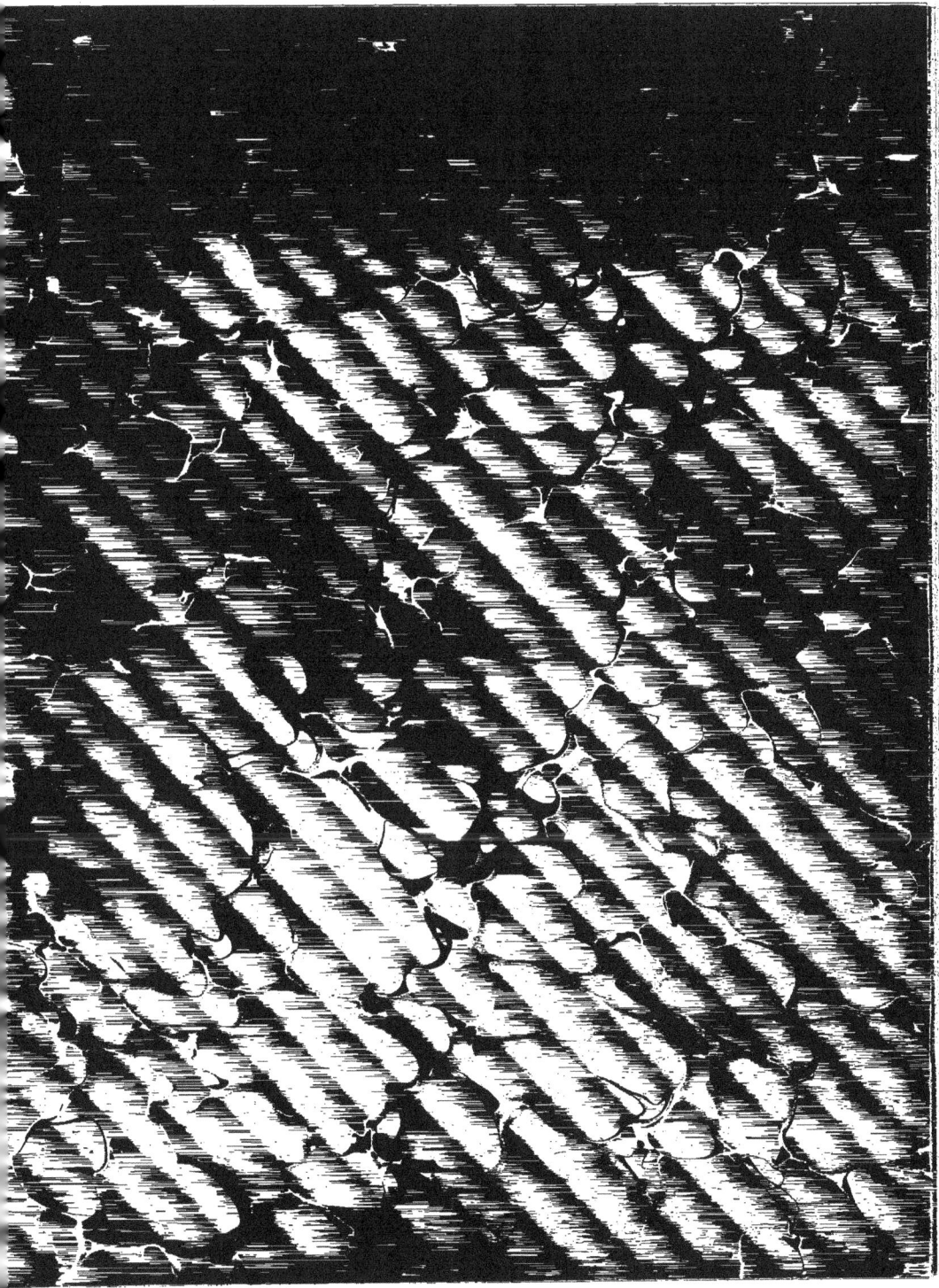

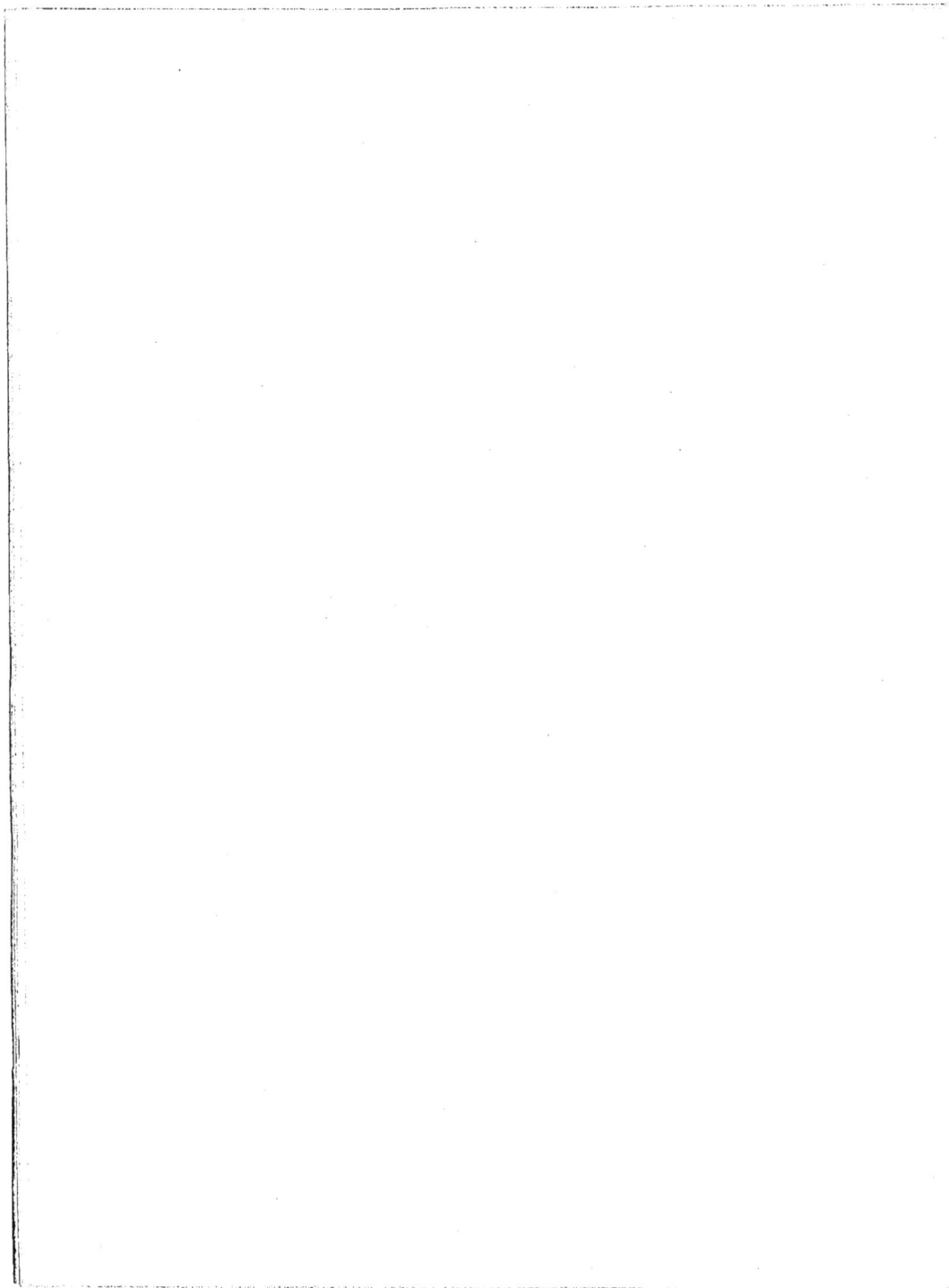

PORT

DE GRAVELINES.

NOTICE PAR M. A. PLOCQ,

INGÉNIEUR EN CHEF DES PONTS ET CHAUSSÉES.

PARIS.

IMPRIMERIE NATIONALE.

M DCCC LXXIII.

PORT

DE GRAVELINES.

PORT

DE GRAVELINES.

—

NOTICE PAR M. A. PLOCQ,

INGÉNIEUR EN CHEF DES PONTS ET CHAUSSÉES.

PARIS.

IMPRIMERIE NATIONALE.

—

M DCCC LXXIII.

PORT

DE GRAVELINES.

―――――――― ⟶⟨◇⟩⟵ ――――――――

CHAPITRE PREMIER.

Les renseignements hydrographiques compris au chapitre I de la Notice de Dunkerque s'appliquent sans modification aux atterrages de Gravelines. Le port est couvert au large par les mêmes *Bancs de Flandre;* toute la description orographique du fond de la mer, telle qu'elle a été présentée au commencement de la Notice de Dunkerque, intéresse également les navigateurs en destination de Gravelines et ceux qui peuvent être obligés d'y chercher un mouillage.

L'entrée du port de Gravelines se trouve dans le S. O. de la passe occidentale de la rade de Dunkerque, dans le Sud du haut-fond de Gravelines, à environ 18 kilomètres et demi à l'Ouest du port de Dunkerque, et à 18 kilomètres à l'Est du port de Calais. Sa position géographique peut être définie par celle de son phare, 51° 0′ 18″ de latitude Nord et 0° 13′ 40″ de longitude Ouest.

Gravelines est située à l'embouchure de l'Aa; son port constitue l'exutoire central du grand delta de cette rivière. La partie supérieure de ce delta forme les wateringues du Nord et du Pas-de-Calais, dont il est nécessaire de donner une description succincte : on pourra en suivre les détails sur la carte placée ci-après, page 2.

Entre Saint-Omer et Watten, sur une longueur d'environ 10 kilomètres, la rivière d'Aa traverse une plaine basse, autrefois submergée par la mer, demeurée longtemps à l'état de marais, et aujourd'hui cultivée comme terre maraîchère d'une grande valeur et d'un grand produit. Cette ancienne baie est bien délimitée par une enceinte de coteaux formant le prolongement de ceux de la vallée de l'Aa supérieure; elle est dominée par de grands plateaux terminés à des versants abrupts, et le cours d'eau y prend un régime torrentiel en temps de crue. Saint-Omer se trouve au fond de cette baie. A partir de cette ville, les coteaux s'écartent de manière à laisser d'abord entre eux un espace de 2 à 3 kilomètres, puis ils se rapprochent à Watten, où le bassin de la rivière se resserre et forme un goulet qui n'a pas plus de 200 à 300 mètres de largeur. De là les coteaux se retournent parallèlement au littoral dans les deux directions de l'Est et de l'Ouest, et laissent entre eux et la mer une vaste plaine d'alluvions, autrefois submergée.

L'ancienne baie, en amont de Watten, constitue aujourd'hui la septième section des wateringues du Pas-de-Calais; son niveau général est à une hauteur moyenne entre les hautes mers de vive eau et de morte eau. Les autres parties de ces vastes polders, longeant le littoral, forment les cinq premières sections des wateringues du Pas-de-Calais et les quatre sections des wateringues du Nord; elles s'étendent jusqu'en Belgique, et rejoignent les polders du delta de l'Yser, dont les débouchés sont concentrés à Nieuport.

Tout cet ensemble comprend une étendue d'environ 80,000 hectares, dont 8,000 à 10,000 pour l'ancienne baie de Saint-Omer ou de Sithiu; le reste, correspondant aux wateringues du littoral, renferme 30,000 hectares dans le Pas-de-Calais et 40,000 hectares dans le Nord. Tous ces terrains, submersibles par les hautes mers, sont défendus contre le retour des marées par le cordon naturel des dunes, là où il en existe, et par des digues construites et entretenues de main d'homme, dans toutes les autres parties du rivage. Les wateringues du littoral, dont le niveau général est sensiblement

inférieur à celui de l'ancienne baie, sont, en outre, défendues contre
les eaux du polder supérieur : ces eaux s'écoulent par le cours direct
de l'Aa proprement dite, entre deux digues longitudinales qui res-
serrent cette rivière sur une longueur totale d'environ 28 kilomètres, de Saint-Omer à Gravelines.

Le delta du littoral présente ainsi, en dehors de l'ancienne baie,
un léger faîte qui le divise en deux versants, et c'est la crête de ce
faîte qu'occupe le lit de l'Aa. Cette rivière déverse son trop-plein,
en temps de crue, dans le port d'échouage de Gravelines, au travers
des écluses de chasse, de la Gérence, de la Tuerie et de Vauban,
ses principaux débouchés à la mer; elle distribue sur tout son par-
cours des eaux douces aux deux versants, qui n'ont pas d'autre eau
potable pendant les temps de sécheresse. Par ses dérivations sur
Bergues, Calais et Dunkerque, elle forme le réseau des voies navigables qui desservent toute cette région de la Flandre maritime, et
qui mettent en communication les ports de Dunkerque, Gravelines
et Calais avec Lille et avec Paris.

Indépendamment de la rivière d'Aa proprement dite, qui sert
au triple usage de la navigation, des desséchements et de l'alimentation, deux autres voies d'écoulement secondaires, le canal
du Schelfvliet et la rivière d'Oye, aboutissent à Gravelines dans
les fossés de la place, en amont du port. La première est affectée
exclusivement aux desséchements des parties les plus basses de la
première section des wateringues du Nord et les plus voisines de
Gravelines; et la seconde sert à la fois aux transports agricoles et
aux desséchements d'une petite partie des wateringues du littoral
du Pas-de-Calais. Les écluses du fond du port d'échouage, qui bar-
rent le cours de l'Aa, défendent le pays contre l'irruption de la mer
pendant les grandes marées, et retiennent les eaux douces pendant
la durée des basses mers. Les fossés de la place et leurs écluses présentent un autre ensemble d'émissaires et de pertuis d'évacuation
d'une puissance égale de débit. Ces issues servent à l'évacuation
des eaux en excès de la première section des wateringues du Nord

par le canal du Schelfvliet et les avant-fossés. Enfin, de chaque
côté du chenal, à 200 mètres environ en aval du port d'échouage,
deux éclusettes servent à égoutter les terres basses qui longent le
chenal intérieur compris entre la ville et les hameaux des Forts-
Philippe, lieux dits *ancien domaine des Hems-Saint-Pol.* Ces terrains
proviennent des alluvions limoneuses correspondantes aux anciennes positions occupées par le chenal de l'Aa, tant à l'Est qu'à
l'Ouest du chenal actuel.

Le port de Gravelines n'est pas encore en relation avec le réseau
des chemins de fer du Nord de la France. Il doit être relié à Calais,
à Dunkerque et à Watten par trois lignes, partant d'une gare
commune, et concédées à la compagnie du Nord-Est; mais une
seule de ces lignes est terminée et doit être bientôt mise en exploitation : c'est celle de Gravelines à Watten, qui rattache le port au
réseau de la compagnie du Nord.

Le chenal de Gravelines, qui forme actuellement l'embouchure
de l'Aa, a été creusé de main d'homme et livré définitivement à
l'écoulement des eaux et à la navigation sous Louis XV; l'embouchure
de la rivière avait été à 2 ou 3 kilomètres plus à l'Ouest, jusque
vers le milieu du xiie siècle; puis elle a été reportée à 4 ou 5 kilomètres à l'Est du chenal actuel, et a conservé cette position depuis
1170 jusqu'en 1740. Dans toutes ces situations successives, le
chenal n'a jamais été entretenu autrement que par les chasses :
chasses naturelles dans les temps reculés, produites par le flux et
le reflux des marées, et soutenues en temps de pluie par les crues
de la vallée de l'Aa supérieure; chasses artificielles, lorsque tout
cet estuaire s'est trouvé peu à peu soustrait par les endiguements
au domaine de la mer. Le chenal actuel présente ordinairement,
quand les organes de chasse et d'écoulement des crues sont en bon
état, des profondeurs de zéro à 0^m,50, dans la partie comprise
entre les digues et les jetées, au-dessous du zéro de l'échelle des
marées du port, lequel est à 1^m,02 au-dessus du niveau des plus
basses mers devant Gravelines, et de 0^m,50 à 0^m,60 dans la passe

extérieure, sur une longueur d'environ 300 à 400 mètres, entre la tête des jetées et les fonds de 2 à 3 mètres au large.

De Gravelines à Dunkerque, l'estran a généralement plus d'un kilomètre de largeur. Il présente dans toutes ces parties des largeurs de 1,200 à 1,600 mètres, avec une inclinaison de 0^m,010 à 0^m,015 par mètre, entre la laisse des basses mers de vive eau et celle des hautes mers de morte eau, et se tient sensiblement de niveau pour la surface que la mer ne couvre qu'en vive eau.

La pointe du Clipout, dite aussi pointe de Gravelines, présente une exception à ce régime : elle reproduit tout à fait les apparences de la côte comprise entre Dunkerque et la Belgique. La largeur de l'estran s'y trouve réduite à 450 mètres, avec une inclinaison à peu près uniforme de 0^m,010 à 0^m,012 jusqu'au niveau des hautes mers de vive eau, qui atteignent le pied des dunes.

De Gravelines vers Calais, sur 6 à 7 kilomètres, la largeur de l'estran est de 1,200 à 1,300 mètres, avec inclinaison de 0^m,010 à 0^m,015 jusqu'au niveau des hautes mers de morte eau; au-dessus, la surface de l'estran est à peu près horizontale, et la largeur de cette partie varie de 700 à 800 mètres; on y rencontre des dépôts argileux provenant des anciens écoulements de l'Aa.

En continuant vers l'Ouest, la plage se rétrécit un peu : elle se réduit à 900 ou 1,000 mètres, l'inclinaison restant toujours à peu près la même; on n'y trouve pas de dépôts limoneux, et les dunes règnent le long de la laisse des hautes mers. Cet aspect se prolonge sur 4 à 5 kilomètres.

On trouve ensuite d'une manière continue, jusqu'à Calais, des plages dans des conditions analogues d'inclinaison et de largeur, tant pour la zone d'aval que pour celle d'amont, sans formation de relais herbés. Sur cette étendue de 6 à 7 kilomètres, la largeur de l'estran varie entre 1,100 et 1,500 mètres, avec inclinaison de 0^m,010 à 0^m,015 dans la zone inférieure, et de 0^m,0015 à 0^m,002 dans la zone supérieure. Une bande de sables mobiles, d'un niveau peu élevé au-dessus des hautes mers ordinaires de

vive eau, baignée par conséquent dans les grandes marées, sépare
généralement le pied des dunes de la laisse moyenne de vive eau.

C'est surtout au droit de la pointe de Walde que cette zone de
sables, mouillée seulement dans les grandes marées extraordinaires,
prend une plus grande largeur aux dépens de l'estran, lequel se
trouve ainsi réduit à 200 ou 300 mètres entre les laisses des hautes
mers de morte eau et de vive eau ordinaires; la zone inférieure,
baignée par toutes les marées, présente un aspect à peu près uniforme entre Calais et la Belgique.

Ainsi, sur tout le développement de la côte du delta, sur 50 kilomètres tant à l'Est qu'à l'Ouest de Gravelines, on rencontre d'abord
une zone inférieure de 350 à 500 mètres de largeur, sur laquelle
se produisent deux fois par jour en tout temps les mouvements
alternatifs de la marée, et dont l'inclinaison varie entre $0^m,01$ et
$0^m,02$ par mètre; puis une zone qui n'est couverte par la mer que
dans la période des mers de vive eau, et dont la largeur varie
dans les limites de 800 à 1,000 mètres pour les parties qui sont
voisines des ports et des anciens chenaux, parties sujettes à formation de relais limoneux, et dans les limites de 20 à 100 mètres
dans les endroits où il n'existe ni ports ni dépôt argileux, et où
le régime des sables règne d'une manière absolue.

Enfin dans quelques parties on remarque l'existence d'une troisième zone, comprise entre les laisses de hautes mers de vive eau
ordinaires et de vive eau maximum; c'est cette troisième zone que
les endiguements successifs viennent, de siècle en siècle, soustraire
au régime des marées dans les portions sujettes à dépôts limoneux,
et sur laquelle les sables tendent à s'accumuler sous la forme de
dunes.

En arrière de cette troisième zone, on trouve tantôt les endiguements, anciens ou nouveaux, dans les parages où se produisent
les dépôts limoneux, tantôt les grandes accumulations de dunes,
formées ou en formation, dans les régions où le régime des sables
règne exclusivement.

De toute cette portion de côtes de la Flandre maritime, c'est au droit du chenal de Gravelines, et à 5 kilomètres de part et d'autre du port, que le plan incliné sous-marin qui fait suite à l'estran présente le plus d'étendue. Ce n'est guère qu'à 2 ou 3 kilomètres au large de la laisse des basses mers que l'on trouve les fonds de 10 mètres; le raccordement se fait avec l'estran sous une très-faible inclinaison, variant de $0^m,01$ par mètre pour les 500 mètres contigus à l'estran, à $0^m,002$ par mètre pour le reste du plan incliné jusqu'aux fonds de 10 mètres; tandis que c'est au droit de la pointe de Walde, et en face du chenal de Dunkerque, que le talus sous-marin se roidit le plus notablement, et que le raccordement avec les fonds de 10 mètres se fait sous la plus forte inclinaison : elle va jusqu'à $0^m,05$ à $0^m,07$ par mètre.

Le régime des vents dans les parages de Gravelines est caractérisé par la prédominance des vents d'Ouest, ainsi qu'il résulte des données suivantes, se rapportant à une moyenne de trois années[1].

Sur 1,096 jours, on constate :

Vents du Nord au Sud exclusivement, en passant par
l'Est, ou vents d'amont...................... 435 jours.
Vents du Sud au Nord exclusivement, en passant par
l'Ouest, ou vents d'aval.................... 661

Total.................... 1,096

La répartition de détail se fait de la manière suivante pour les diverses aires de vent :

N.... $107^j 12^h$ | E... $184^j 13^h$ | S... $201^j 17^h$ | O.... $298^j 9^h$
N.E.. 84 13 | S.E. 58   7 | S.O. 99 22 | N.O.. 61 3

Les vents du Nord au Sud en passant par l'Ouest sont ceux qui

---

[1] Ces observations ont été faites à 3 milles ½ au large de Gravelines, à bord du feu flottant *Dyck*.

acquièrent le plus d'intensité : on trouve, en effet, sur vingt-deux observations de coups de vent ou de tempêtes :

	Coups de vent.	Tempêtes.		Coups de vent.	Tempêtes.
Du Nord......	3	"	Du Sud......	"	"
Du N. E......	"	"	Du S. O......	5	"
De l'Est......	1	"	De l'Ouest.....	7	2
Du S. E......	"	"	Du N. O......	4	"

Tout ce qui a été dit, dans le chapitre I de la Notice de Dunkerque, au sujet du régime des courants de marée du Pas de Calais et de l'entrée méridionale de la mer du Nord, s'applique au port de Gravelines.

Il en est de même des considérations relatives à l'action des courants et des vents sur la marche des alluvions.

Mais il convient de mentionner ici les résultats de l'examen comparatif des cartes hydrographiques anciennes et nouvelles, en ce qui concerne l'ancien débouché de l'Aa. Si l'on compare les cartes de 1776, 1801, 1836 et 1861, on trouve que la laisse de basse mer a sensiblement reculé au droit de l'emplacement qu'occupait l'embouchure de l'Aa, de 1170 à 1740. On peut en conclure que les alluvions limoneuses produites autrefois par cet écoulement étaient la cause principale de la pointe avancée qui restait encore à cet endroit de la plage en 1776, et que l'on ne retrouve plus sur les cartes de 1801 ni sur les cartes plus récentes.

La même carte de 1776 indique un avancement de la plage très-marqué au droit de l'ancien chenal de Mardick; il paraît moins prononcé sur la carte de 1801 et sur celle de 1836; la laisse de basse mer n'a pas reculé comme au droit du petit delta de l'ancien lit de l'Aa, mais cet avancement antérieur s'est trouvé compris dans l'avancement général qui s'est produit dans cette partie de la plage, à la suite du dernier prolongement des jetées de Dunkerque.

Ces observations sont d'accord avec l'effet qui se produit, dans les ports du Nord, à la suite de l'écoulement des eaux douces pendant la durée des basses mers.

Les écoulements se font moyennement pendant les deux heures
qui précèdent et les deux heures qui suivent l'instant de la basse
mer. Les eaux douces, qui arrivent de l'intérieur du pays, sont
toujours chargées de matières argileuses ; elles sont entraînées, à
la sortie des chenaux des ports de Dunkerque et de Gravelines,
par le courant de jusant qui porte vers l'Ouest, au moment du
maximum des vitesses. Ce courant change de direction pour se reporter vers la plage à mesure que son intensité diminue et que le
niveau de la mer s'élève; on comprend ainsi que les matières en
suspension doivent tendre à se déposer sur la plage de l'Ouest
pendant l'étale de jusant et la première période du flot. La vitesse
maximum du jusant étant d'environ 3 milles, les matières aban-
données peuvent parcourir des distances variables avant de s'arrêter; le maximum des dépôts commence à environ 2 ou 3 milles,
et s'étend jusqu'à une distance de 5 milles à peu près.

Cet effet, qui est une conséquence des écoulements du port de
Dunkerque, se retrouve aussi sur la plage à l'Ouest de Gravelines, où les écoulements intermittents de l'Aa se produisent dans
des conditions analogues. Il s'ajoute aux effets des actions combinées des vents et des courants de la marée, pour produire dans les
plages de sable à l'Ouest de nos ports un avancement qui devient
de plus en plus sensible à mesure que l'on prolonge les jetées.

L'établissement du port à Gravelines est de 12 heures.

Les niveaux de la marée, rapportés au niveau des basses mers
de vive eau ordinaires, sont les suivants :

Basses mers
- de vive eau extraordinaires. . . . . — $0^m,68$
- de vive eau ordinaires . . . . //
- de morte eau ordinaires. . . . . $1^m,30$

Hautes mers
- de morte eau ordinaires. . . . . $4^m,54$
- de vive eau ordinaires. . . . . $5^m,84$
- de vive eau d'équinoxe. . . . . $7^m,34$

L'unité de hauteur est 2^m,92, et le niveau moyen de la mer est de 3^m,60. — La courbe des marées moyennes de vive eau ordinaires est figurée sur le croquis ci-dessous.

PORT DE GRAVELINES.

Établissement du port.......... 12^h 00
Ascension moyenne en vive eau .... 5^m,54
Ascension moyenne en morte eau.... 4^m,54
Amplitude moyenne en morte eau.... 3^m,34

Courbe de marée moyenne de vive eau ordinaire.

Échelle des hauteurs, 0^m,01 pour 1^m,00.

Le courant de flot porte vers l'Est.
Le courant de jusant porte vers l'Ouest.
Le renversement des courants s'opère aux environs de la mi-marée.

CHAPITRE II.

HISTORIQUE.

Les historiens de la Flandre maritime s'accordent à dire que, lors de l'invasion des Romains, l'emplacement actuel de Gravelines était sous les eaux; la mer couvrait toute la plaine comprise entre Saint-Omer, Calais et Dunkerque : quelques éminences, comme celles où sont maintenant Bergues, Watten, Saint-Omer, se montraient seules à découvert. Les traditions indiquent que les premiers habitants du pays voisin furent quelques peuplades aventurières, descendues des forêts de la Germanie, et qui, réunies peu à peu en une colonie sur les bords de l'Océan, à la limite septentrionale de l'Europe, s'y étaient arrêtées comme aux bornes du monde. Elles prirent le nom de Morins, c'est-à-dire *habitants des marais :* le nom *moères* dérive, en effet, du tudesque *mor,* marais.

La Morinie faisait partie de la Gaule Belgique; elle était bornée : au Sud, par la Canche, la Lys et les terres des Atrébates et des Amiénois; à l'Est, par le pays des Ménapiens, depuis Nieuport jusqu'à Warneton-sur-Lys; à l'Ouest et au Nord, par la mer. Elle comprenait ce qui a formé depuis les diocèses de Saint-Omer, de Boulogne et d'Ypres.

Tel était vraisemblablement l'état de la contrée cinquante à soixante ans avant Jésus-Christ.

Les eaux ne se retirèrent des bas-fonds que quelques années plus tard, lorsque les habitants du pays eurent construit des écluses entre les dunes, pour se défendre contre la mer et écouler le trop-plein des eaux du pays. Mais les parties les plus basses restèrent à l'état de *moères,* et formèrent longtemps un golfe, puis un lac communiquant à la mer par Dunkerque, Furnes et Nieuport; des marais occupaient toute la région comprise entre Bergues, Watten, Bourbourg et Gravelines. C'est même une opinion généralement reçue, qu'un bras de mer s'avançait au delà de Saint-Omer. En creusant le terrain pour élever les fortifications de cette place, on y a trouvé des ancres et des débris de navires, comme on en rencontre souvent ensablés le long des côtes.

La Morinie, au temps de Jules César, se composait de golfes, de lacs, de marais et d'îles nombreuses, les unes constamment isolées de la terre ferme, les autres tantôt isolées, tantôt rattachées entre elles ou au rivage, suivant la hauteur de la mer.

L'île principale des Morins, d'après Strabon, avait pour limites: à l'Est, le golfe de Mardick, à peu près à moitié chemin entre Gravelines et Dunkerque; à l'Ouest, un autre golfe près de l'emplacement de Calais, et, au Nord, la mer. Elle était traversée par un cours d'eau qui se jetait à la mer près de l'emplacement de Gravelines.

Peu de noms géographiques de cette époque sont parvenus jusqu'à nous. Cependant la Morinie n'était pas déserte; elle comprenait les villes de Thérouanne, la principale cité de l'intérieur; d'Iccius, le port le plus commode; de Cassel (*Castellum Morinorum*), le site le plus élevé de la contrée. Jules César, dans ses *Commentaires*, ne cite que le *Portus Iccius*, que les divers historiens placent en différents points du delta de l'Aa, les uns à Gravelines, les autres à Mardick, à Calais, à Sangatte, à Wissant, à Tournehem, à Watten, à Saint-Omer (Sithiu), etc.

Mais, quel que soit l'emplacement exact de *Portus Iccius* ou *Itius*, *citerior* et *ulterior*, il est très-probable que le *Sinus Itius* n'était autre chose que l'ancienne baie de Sithiu, entre Saint-Omer et Watten, et le pays wateringué du littoral des départements du Nord et du Pas-de-Calais.

Pendant les quatre premiers siècles de l'ère chrétienne, Gravelines, dont le nom ancien est resté inconnu, n'était qu'un petit hameau de pêcheurs sur l'emplacement actuel des Huttes, un peu à

l'Est de la ville actuelle. La principale station romaine des îles des
Morins pendant les quatre premiers siècles était Mardick, située à
peu près à égale distance entre Gravelines et Dunkerque, et qui
avait encore une certaine importance en 436.

Suivant Malbranq, seul écrivain qui ait écrit l'histoire de la Morinie, Gravelines était, vers l'an 800, un village de peu d'importance, sous l'administration des *forestiers* de Flandre. Une chapelle y avait été érigée en l'honneur de saint Willebrode, qui y avait abordé en 690 ; quelques chaumières s'étaient groupées alentour, à peu près à l'époque où saint Éloi fondait l'église des Dunes, noyau primitif de Dunkerque.

Vers le milieu du IXe siècle, Charles le Chauve laissa la
Flandre ouverte aux Normands; l'endroit qui eut peut-être le
plus à souffrir de leurs passages, en 847, en 850 et surtout en
860, fut le hameau de Saint-Willebrode, qui fut ruiné et pillé à
plusieurs reprises.

Les croquis ci-dessus donnent un aperçu de la situation de cette
partie de l'ancien pays des Morins, du VIIe au IXe siècle, et notam-
ment, pour le second, dans la deuxième moitié du IXe siècle, sous
le gouvernement des derniers forestiers et des premiers comtes
de Flandre.

A la mort de Baudouin Bras-de-Fer, premier comte de Flandre
(879), les Normands, qu'il avait expulsés dès son avénement
en 863, et dont il avait arrêté les invasions, reparurent plus nom-
breux que jamais. La Flandre depuis lors fut sans cesse envahie
par les pirates du Nord.

A peine débarrassée des Normands par le traité de Saint-Clair-
sur-Epte, en 911, elle ne tarda pas à voir débarquer sur ses côtes
les Danois, sous la conduite de Syfrid, en 921; ils ravagèrent im-
pitoyablement toutes les localités du rivage; leur chef devint, en
928, le premier comte de Guines, en épousant la fille d'Arnould Ier,
marquis de Flandre.

Peu d'années après cette transaction, qui avait donné quelque
tranquillité à la Flandre maritime, de nouveaux différends sur-
vinrent entre Arnould et Guillaume Longue-Épée, duc de Normandie, qui fut assassiné par les ordres d'Arnould, vers la fin de 942.
Les Danois, dont Guillaume s'était fait des alliés, pénétrèrent en
943, avec les Normands, sur les côtes de Flandre, où ils exercèrent
de grands ravages : ils brûlèrent la ville de Mardick et les vil-
lages ou bourgs voisins, parmi lesquels était compris Saint-Willebrode.

A la suite de cette période de luttes et de désastres, les comtes
de Flandre, de Baudouin III à Baudouin VI, ramenèrent dans leurs
États un peu de calme et de prospérité.

Dès les premières années du XIe siècle, les environs de la ville de Mardick avaient commencé à se dessécher et à s'assainir. Le reculement de la mer, par l'élévation de la côte, et le colmatage du golfe à l'Ouest de Mardick, par le travail lent des alluvions, avaient laissé à découvert une grande étendue de terres, sur lesquelles le trop-plein des populations limitrophes était venu s'établir.

Baudouin VI mourut en 1070; la minorité de son fils et l'esprit d'intrigue de sa veuve Richilde amenèrent une insurrection, dont Robert le Frison, frère de Baudouin VI, et tuteur du jeune Arnould, profita pour tenter la conquête de la Flandre, pendant que son parent, Guillaume le Bâtard, terminait la conquête de l'Angleterre.

Après la victoire de Cassel remportée, en 1070, sur le roi de France, Philippe Ier, qui était venu au secours de Richilde, et après plusieurs années de combats, Robert le Frison devint, en 1086, maître absolu de la Flandre franque ou wallone et de la Flandre tudesque ou flamingante.

Les comtes de Flandre qui lui succédèrent furent : Robert de Jérusalem, son fils, qui régna vingt-quatre ans, et mourut en 1112; Baudouin VII, dit Baudouin à la Hache, qui ne régna que sept ans, et mourut en 1117; Charles le Bon, prince de Danemark, assassiné en 1127; Guillaume de Cliton de Normandie, qui mourut en 1128, après avoir soulevé contre lui, par sa tyrannie, tous les partis, peuple et noblesse; enfin le comte Thierry, fils du landgrave d'Alsace, et petit-fils de Robert le Frison par sa mère, Gertrude de Flandre; ce prince était populaire, et son règne fut pour le pays, et en particulier pour les villes, une époque de prospérité.

Pendant cette période le port de Mardick avait peu à peu décliné, par suite de l'obstruction du golfe; vers l'an 1150, le fleuve qui s'y jetait à la mer était entièrement comblé; son lit ne présentait plus que de vastes marécages, dont les émanations éloignaient les habitants du pays.

3

C'est alors que Thierry d'Alsace, quinzième comte de Flandre,
fit entourer de murs le bourg de Saint-Willebrode, et l'érigea en
ville, suivant diplôme daté de 1159, en vue de faire de cette place
un boulevard contre les courses des Anglais. Le comte Thierry
y termina ses jours en 1168, après un règne de quarante ans,
laissant le gouvernement de la Flandre à son fils Philippe d'Alsace,
qu'il avait déjà associé, depuis 1157, à l'administration de ses
États.

Le comte Philippe fit achever les fortifications de Saint-Willebrode, commencées par son père. Pour mieux assurer le commerce et la prospérité de la ville, il amena sous ses murs le cours
de l'Aa, qui allait alors se jeter à la mer, en suivant une digue
encore apparente aux environs du village d'Oye, à 2 ou 3 kilomètres plus à l'Ouest; le nouveau lit passait contre le hameau des
Huttes, peuplé des pêcheurs du pays. Ce détournement de l'Aa,
désigné d'abord en flamand par les mots *Grave Linghe*, « canal du
Comte », donna son nom à la ville; le port formé sous ses remparts
prit celui de *Port-Neuf*.

Après le comte Philippe, qui mourut en Palestine en 1192, la
Flandre passa aux mains de son beau-frère Baudouin, comte de Hainaut et de Namur, qui devint empereur de Constantinople et périt à
la bataille d'Andrinople vers 1206. Il laissa comme seule héritière
du comté de Flandre sa fille Jeanne, qui épousa en 1211 Ferdinand, prince de Portugal, neveu de la veuve du comte Philippe.
La guerre éclata entre Ferdinand et le roi Philippe-Auguste, qui,
vainqueur à la bataille de Bouvines en 1214, n'accorda la paix à
la comtesse Jeanne qu'à la condition qu'elle laisserait tomber en
ruines les fortifications de certaines villes de Flandre, au nombre
desquelles étaient Mardick et Gravelines.

Ferdinand de Portugal, fait prisonnier à la bataille de Bouvines,
fut retenu en captivité par le roi de France, et ce ne fut qu'en 1227
que la comtesse Jeanne obtint du roi Louis IX la liberté de son
mari, moyennant une rançon de 25,000 livres parisis, garantie

par les villes de Flandre, Gravelines, Dunkerque, Mardick, Bergues, Bourbourg, etc.

C'est sous le règne de Jeanne qu'on établit en Flandre les premiers moulins à vent, machine importée d'Orient par les croisés.

A la comtesse Jeanne succéda sa sœur Marguerite de Constantinople, veuve en secondes noces de Guillaume, sire de Dampierre. Cette princesse avait des enfants de deux lits, entre lesquels s'élevèrent bientôt de graves conflits au sujet de leur futur héritage. Une sentence du roi Louis IX, en 1246, attribua le Hainaut à ceux du premier lit et la Flandre à ceux du second. Marguerite s'associa en 1269, pour le gouvernement de la Flandre, son fils Gui de Dampierre, qui devint définitivement comte de Flandre, à la fin de 1278, par une donation que lui fit sa mère quelques mois avant de mourir.

Le règne de Gui de Dampierre ne fut pour la Flandre qu'une longue suite de malheurs et de revers. Philippe le Bel mit tous ses soins à miner son pouvoir pour réunir le comté à la France. Le comte Gui avait fourni, sans y songer, un prétexte aux desseins du roi, en mariant en 1294 sa fille Philippine avec le prince de Galles, fils du roi Édouard d'Angleterre, au moment même où la guerre s'allumait entre l'Angleterre et la France. Le comte de Flandre fut vaincu et fait prisonnier en 1300. Philippe le Bel installa un lieutenant comme gouverneur de la Flandre, devenue momentanément province de France.

Gravelines, assiégée et prise par Oudart de Maubuisson, capitaine de Calais aux ordres du roi de France, devint ville française. Mais les Flamands, jaloux de leur antique autonomie, se soulevèrent contre leur nouveau maître; et ce ne fut qu'en 1309, après cinq années de discussions, de révoltes et de guerre entre les milices de Flandre et les troupes du roi, que Robert de Béthune, fils de Gui, héritier du comté de Flandre par la mort de son père, fit sa soumission au roi, avec l'assentiment et la garantie des villes de son comté.

3.

Pendant ces temps malheureux, les villes de Gravelines et de Mardick avaient vu diminuer le nombre de leurs habitants, et le port de Gravelines était à peine resté dans les conditions où l'avait mis Philippe d'Alsace, un siècle et demi auparavant.

On peut se faire une idée de l'importance relative qu'avaient alors les villes franches de Gravelines, Mardick et Dunkerque, d'après la répartition qui fut faite entre elles, en 1317, par les députés des villes et châtellenies de Flandre, des taxes imposées par le roi de France, aux termes du traité de 1309, avec les modérations consenties par lui en 1312 et en 1316.

Le territoire composant à peu près aujourd'hui l'arrondissement de Dunkerque était taxé à raison de 5 livres, dont 10 deniers pour Gravelines, 4 deniers pour Mardick et 4 sous 9 deniers pour Dunkerque; le reste était partagé entre Bergues et Bourbourg, villes bien plus importantes que les trois autres, en raison de l'étendue de leurs châtellenies. La population de Gravelines pouvait être alors de 2,500 âmes, tout compris, place forte et hameaux dépendant du port et de la ville franche.

A la mort de Robert de Béthune, dix-septième comte de Flandre, son petit-fils et successeur, Louis de Nevers, ne put arriver à réprimer les émeutes qui ravageaient son comté, qu'en appelant à son secours Philippe de Valois. Le roi de France mit en déroute près de Cassel, en 1328, les milices de Mardick, Gravelines, Bourbourg et autres villes révoltées. Mais le calme imposé par la force ne fut pas de longue durée, et Louis de Nevers, fatigué de ses incessantes querelles avec les Flamands, finit par se réfugier en France, vers 1336, à la cour de son suzerain. La Flandre se gouverna elle-même sous l'autorité des villes de Bruges, d'Ypres et de Gand, représentée par le célèbre Jacques d'Artevelde. Il conclut en 1339 une alliance avec le roi Édouard d'Angleterre, et fut mis à mort en 1345 par ses concitoyens, parce qu'il avait entrepris de livrer le comté de Flandre au prince de Galles, fils du roi Édouard.

La lutte entamée entre Louis de Nevers et le roi d'Angleterre continua après la mort d'Artevelde. Louis périt à la bataille de Crécy, en 1346; Édouard mit le siége devant Calais, qui ouvrit ses portes au mois d'août 1347.

Robert de Béthune avait séparé du comté de Flandre, en 1320, Dunkerque, Gravelines, Bourbourg et autres villes, pour les ériger en seigneurie en faveur de son fils, Robert de Cassel. Celui-ci mourut en 1331, laissant pour seule héritière sa fille Yolande, qui devint bientôt après comtesse de Bar, par son mariage avec son cousin Henri, quatrième comte de Bar; Gravelines sortit ainsi, avec Dunkerque et autres villes de Flandre, de la maison de Flandre, pour passer à la maison de Bar.

Yolande et le comte de Bar firent construire à Gravelines un château. Robert, leur fils, l'entoura de fortifications, en même temps qu'il conçut le projet de donner un nouveau cours à l'embouchure de l'Aa. Un chenal allant le plus directement possible à la mer fut commencé à partir du pied du château : c'était à peu près la direction du chenal actuel. Mais on n'employa pas des moyens assez énergiques pour forcer la rivière à s'écouler par cette voie, et elle continua à suivre son cours vers le N. E.

En 1349, le littoral flamand fut frappé d'une épidémie meurtrière, la *peste noire*. Les symptômes de la maladie étaient ceux d'un violent empoisonnement. C'était la conséquence des émanations paludéennes du pays. Toute l'étendue comprise entre Saint-Omer et Gravelines était tantôt à sec, tantôt submergée, soit par les eaux de la mer, soit par les eaux douces de l'Aa, suivant le régime des marées et suivant les périodes de crues ou de sécheresses. Le chenal de 1158, sans moyens de chasse artificiels, était encore moins apte à assainir la contrée que ne l'avait été le chenal primitif, qui débouchait à la mer à 6 ou 7 kilomètres plus à l'Ouest.

Philippe de Valois étant mort en 1350, son fils Jean lui succéda et continua à guerroyer en Flandre avec les Anglais, qui lui imposèrent, en 1360, le traité de Bretigny. Parmi les conditions de la rançon du roi Jean, on trouve que le territoire compris entre Calais et la rivière d'Aa devant Gravelines était cédé par la France à l'Angleterre, la terre d'Oye servant de limite. Mais après la mort d'Édouard III, en 1377, Philippe le Hardi, duc de Bourgogne, reprit Gravelines aux Anglais, et les choses restèrent en cet état jusqu'au moment où le roi d'Angleterre, Richard II, fit une nouvelle alliance avec les villes de Flandre. Bientôt après, en 1383, Henri Spenser, évêque de Norwich, ayant débarqué à Calais avec une armée anglaise pour aller soutenir les Gantois en révolte, s'empara de Gravelines, la saccagea et la détruisit presque entièrement.

Une trêve d'un an fut conclue : Gravelines resta aux mains des Français jusqu'à la conclusion des démêlés du comte de Flandre avec ses sujets. Le comté de Flandre étant passé à la maison de Bourgogne, par suite du mariage de Philippe le Hardi, duc de Bourgogne, avec la fille du comte Louis de Male, les États de Flandre obtinrent du duc Jean sans Peur la réunion de Gravelines à son domaine, quelques années plus tard.

La digue du comte Jean, entre Dunkerque et Gravelines, destinée à défendre les terres du littoral contre les grandes marées d'équinoxe, fut terminée en 1419, l'année même où Jean sans Peur mourut assassiné.

Gravelines passa ensuite sous l'administration du duc Philippe le Bon, qui essaya vainement de chasser les Anglais de Calais, en 1436, et ne parvint à soumettre les Gantois révoltés qu'en 1453 ; puis du duc Charles le Téméraire, son fils, qui lui succéda en 1467 et mourut en 1477 ; de la duchesse Marie de Bourgogne, fille de Charles ; du régent Maximilien d'Autriche, mari de cette dernière, jusqu'en 1495 ; et enfin de son fils Philippe le Beau, qui épousa l'infante Jeanne d'Espagne en 1496, et qui, devenu, en 1504, roi de Castille, de Léon et de Grenade, par la mort de sa belle-mère, Isabelle de Castille, fit de la Flandre une province espagnole.

Philippe le Beau étant mort en 1506, son fils Charles-Quint, qui était né en Flandre, devint son héritier.

Peu de temps après, la guerre éclatait entre la France et l'Espagne, et, en 1513, les armées venaient se heurter dans les plaines de la Flandre et de l'Artois. Charles-Quint devenait empereur en 1519, succédant à son aïeul Maximilien Ier. Dix ans après, la paix de Cambrai, dite *paix des Dames*, signée entre Marguerite d'Autriche, tante de l'empereur et gouvernante des Pays-Bas, et Louise de Savoie, mère de François Ier, consacrait l'aliénation des villes et châtellenies de Gravelines, Bourbourg et Dunkerque au profit du grand monarque, qui réunissait l'empire d'Allemagne et la couronne d'Espagne.

Passée ainsi sous la domination espagnole, Gravelines, qui avait été visitée par Charles-Quint en 1520, vit bientôt après son château relevé, ses bastions rétablis, ses fossés rouverts et assainis; elle reçut une bonne garnison, capable d'arrêter les excursions et courses des Anglais, toujours maîtres de Calais.

En 1558, sous le règne de Philippe II, trois ans après l'abdication de Charles-Quint, Gravelines, assiégée par les Français, fut débloquée par la brillante victoire que le comte d'Egmont remporta sur le maréchal de Thermes. Philippe II reprit le projet du comte de Bar d'établir un nouveau chenal directement de la ville à la mer, et s'occupa d'améliorer le port. Sans avoir eu le temps de réaliser l'ensemble de ses vues, il mourut en 1598, après avoir fait construire le fort Philippe, où il avait mis garnison dès 1586.

Philippe III ne suivit pas les projets de son père; il recula devant l'opposition et les réclamations de la France, qui avait repris Calais aux Anglais en 1565; et ce ne fut qu'en 1635, après l'avoir plusieurs fois entamée et plusieurs fois abandonnée, que l'on put enfin, pendant la première année du règne de Philippe IV, entreprendre sérieusement l'exécution des plans de Philippe II. L'Espagne

n'avait plus à tenir compte des réclamations de la France, à laquelle
la guerre venait d'être déclarée.

Ces améliorations étaient devenues d'une nécessité impérieuse.
Le chenal primitif de l'Aa à la mer, à l'Ouest de Saint-Willebrode,
était comblé depuis longtemps; celui du comte Philippe, à l'Est,
ne s'entretenait que fort imparfaitement. Le débit de la vallée
suffisait à peine, en été, pour combattre les alluvions dues aux
marées et aux eaux limoneuses du pays. Le chenal de 1168, dé-
tourné vers l'Est, était aussi mal orienté que possible, eu égard au
régime des vents et des courants et à la formation des alluvions
dans ces parages, et le niveau des marais de Saint-Omer à Gravelines, se relevant peu à peu, avait réduit dans des proportions
de plus en plus sensibles les effets du flux et du reflux des marées,
seuls moyens naturels d'entretien de ces chenaux; aucune disposi-
tion n'avait encore été prise pour combattre ce travail de la
nature.

Aussi les épidémies se renouvelaient, et une nouvelle peste, qui
vint ravager la contrée en 1636, avait déterminé Philippe IV à
mettre enfin la main à l'œuvre pour terminer les travaux essayés
au temps de la *peste noire* de 1349, repris par Philippe II vers
1560, et abandonnés depuis près d'un siècle. Déjà, en 1628,
le gouverneur de Gravelines, forcé par les nécessités de la santé
publique, avait repris le creusement de ce chenal direct à la mer,
mais il avait dû y renoncer sur les réclamations de la France. Les
travaux ne furent définitivement abordés qu'après la rupture des
relations avec la France et sous le coup d'une nouvelle épidémie,
qui décimait la ville et les environs.

Ils consistaient dans l'ouverture d'un chenal à l'emplacement
actuel, sur 900 toises de longueur et 45 de largeur, avec un sas
près de la ville et, au fort Philippe, une écluse à deux pertuis,
dont le grand passage avait 45 pieds de largeur. La tradition locale ajoute que ces ouvrages avaient pour but de créer un vaste
bassin à flot, capable de contenir, à l'abri du feu des vaisseaux

ennemis, vingt à trente vaisseaux de ligne, tels qu'on les construi-
sait alors.

Si l'on consulte les descriptions hydrographiques du pays à diverses époques, on reconnaît que, vers le milieu du xviie siècle, la
contrée traversée par l'Aa, de Saint-Omer à Gravelines, était si plate
que le cours des eaux y était presque insensible; d'où résultaient
des débordements continuels, qui inondaient plus de 40,000 hectares des meilleures terres de Flandre. Vers l'embouchure de l'Aa,
les marées faisaient refluer la rivière au-dessus de Gravelines, en
même temps que les sables des dunes, portés par les vents, en com-
blaient le lit. A ces inconvénients se joignait celui de ne pouvoir
renouveler les eaux des fossés de la place, ce qui en rendait l'habitation « si malsaine, dit Belidor, que Gravelines était regardée
depuis un temps immémorial comme le tombeau des garnisons
qu'on y envoyait. »

Les améliorations entreprises par Philippe IV avaient pour but
de conduire plus directement les eaux de l'Aa à la mer; en même
temps, son canal devait servir de port de relâche aux navires espagnols que la tempête ou le voisinage de Calais mettrait en danger.

Ce chenal, aligné à peu près du S. E. au N. O., était moins exposé
à être comblé par les sables des dunes voisines : sa direction corres-
pondait à peu près à celle des vents régnants, « attention bien
essentielle à avoir quand il s'agit d'orienter ces sortes de canaux,
dit Belidor, lorsqu'on a la liberté de les disposer heureusement. »
C'est ce qu'ont bien prouvé les faits observés depuis.

La haute mer pénétrant dans le chenal venait baigner le pied
de la contrescarpe. C'est à 900 toises de là que les Espagnols
avaient placé leur écluse à la mer, qu'ils avaient garnie de doubles
paires de portes busquées : les portes d'ebbe, fermées en mortes
eaux, pouvaient tenir à flot les navires, sans empêcher l'évacuation
des eaux de l'Aa, qu'on écoulait par des pertuis ménagés à cet effet.

La France avait dû s'opposer à tous ces projets, car le port de
Gravelines pouvait porter ombrage à celui de Calais, et l'établis-

4

sement d'un bassin à flot à l'embouchure de l'Aa faisait dépendre la fortune et la santé des populations voisines du caprice des gouverneurs espagnols.

Quoi qu'il en soit, ce canal avec son écluse à la mer était très-avancé en 1638, et l'Aa allait bientôt y prendre son cours, lorsque un gros détachement, formé par les garnisons de Montreuil, de Boulogne, de Calais et d'Ardres, vint surprendre le fort Philippe à la faveur du brouillard, et fit une brèche dans le batardeau qui couvrait l'écluse en construction. En peu d'instants, les chantiers et les fondations furent engloutis, avec tout le matériel et les quelques ouvriers employés aux épuisements. Un siècle après, dans des fouilles opérées pour rechercher les traces de ces travaux, on retrouva des moulins d'épuisement, des squelettes d'hommes et de chevaux. Le renversement des ouvrages fut si complet que les Espagnols ne se mirent point immédiatement en devoir de les rétablir; la rivière d'Aa conserva son ancien cours, le pays continua d'être submergé, et Gravelines resta aussi malsaine qu'auparavant.

Ce coup de main n'était que le prélude d'une entreprise plus sérieuse. En 1644, le gouvernement français, informé que les Espagnols se disposaient à reprendre les travaux du port de Gravelines, résolut d'annexer définitivement à la France cette place, indispensable à la sûreté des environs de Saint-Omer et de Calais. Gaston, duc d'Orléans, à la tête d'une armée de vingt mille hommes, ayant sous ses ordres les maréchaux de La Meilleraye et de Gassion, vint attaquer la ville, et s'en rendit maître après un siége de cinquante-sept jours. Le général espagnol, don Fernando de Solis, sortit avec les honneurs de la guerre, et conduisit à Dunkerque sa garnison, qui n'était plus que de sept cents hommes avec six cents malades ou blessés.

La perte d'un port sur lequel elle fondait de si grandes espérances était un coup sensible pour l'Espagne, qui ne manqua pas de guetter les occasions de le reprendre.

En 1652, l'archiduc Léopold, profitant des divisions intestines

de la France sous le ministère de Mazarin, vint investir Gravelines.
dont il savait la garnison très-faible. Le maréchal de Grancy, qui
en était gouverneur, avait quitté la place sur l'ordre du roi pour
aller en Normandie. La ville se serait rendue à discrétion dès les
premiers jours, sans le dévouement d'un officier du régiment des
gardes, Boisselot, qui traversa l'armée espagnole et ramena à Gravelines 300 hommes d'élite, pendant qu'il attirait par ruse les Espagnols au fort de Mardick. Ce renfort, si faible qu'il fût, permit à la
place de faire une bonne résistance; mais, ne recevant pas d'autres
secours, elle capitula après vingt-quatre jours de tranchée.

Les Espagnols, rentrés en possession de Gravelines, se remirent
sans tarder aux travaux d'amélioration du port; mais ils n'eurent
pas le temps de les achever.

En 1658, Turenne, qui venait de leur reprendre Dunkerque
par la bataille des Dunes, détacha de son armée le maréchal de La
Ferté avec une armée de 12,000 hommes pour faire le siége de
Gravelines. Les cheminements avancèrent rapidement, malgré
l'inondation, et la ville capitula le 30 août, après vingt jours de
tranchée.

Ce siége est le premier que Vauban ait dirigé. La ville et le port
furent définitivement acquis à la France par le traité des Pyrénées
(7 novembre 1659).

Pendant cette campagne, Louis XIV, pour stimuler le courage
de ses soldats, venait souvent de Calais au camp de Turenne; il
coucha à Mardick le 23 mai et le 24 juin. A son second passage,
il fut atteint d'un violent accès de fièvre et fut forcé, après avoir
paru les 27 et 28 juin au siége de Bergues, de se retirer de nouveau à Mardick, où la maladie commença à prendre le caractère
pernicieux. Le 2 juillet, entre deux accès, on le transporta à Calais,
où il resta jusqu'au 22, après avoir été pendant quinze jours en
danger de mort. Gravelines fut prise après son rétablissement.

Cette maladie et une nouvelle épidémie, qui vint affliger toute

4.

cette région, montrèrent à Louis XIV la nécessité d'améliorer les ports et d'assainir le pays.

Le fort Philippe, qui avait été presque entièrement détruit dans ces derniers siéges, ne fut pas rétabli, et lorsque, en 1680, Louis XIV et Vauban vinrent inspecter la place, il ne restait plus aucun vestige du fort, ni aucune trace de l'écluse et du canal des Espagnols.

L'écluse à sas contre la ville, construite vraisemblablement de 1620 à 1638, subsistait seule à l'amont du chenal de Philippe d'Alsace, et séparait les eaux douces du pays des eaux de la mer; mais elle était en mauvais état et dut bientôt être remplacée par une autre, qui fut construite de 1699 à 1701 sur les plans de Vauban, et qui a conservé le nom d'écluse Vauban.

Le devis dressé en 1699 pour l'adjudication de la construction de l'écluse Vauban établit que l'on démolissait l'écluse des Espagnols parce qu'elle était en ruines. La façon dont sont précisées les conditions de remploi des vieux matériaux provenant des maçonneries et des charpentes du radier, des portes et du pont tournant, montre que ces matériaux n'étaient pas dans un état de vétusté trop avancée. Les mêmes dimensions de débouchés étaient conservées, et l'on spécifiait que le dessus des radiers serait réglé à un pied ou un pied et demi plus bas que les anciens radiers de l'ancienne écluse. Enfin ce devis mentionne l'existence de batardeaux établis avant l'adjudication.

Les travaux d'amélioration de Gravelines ne furent pas conduits plus activement sous l'administration française qu'ils ne l'avaient été sous le gouvernement de l'Espagne. On ne s'expliquerait pas comment Louis XIV ne s'est pas hâté de terminer le chenal direct à la mer, si l'on ne songeait à la vive opposition que ce projet devait soulever de la part des populations riveraines de l'Aa, toujours préoccupées de l'évacuation des crues. Cette opposition, les revers du grand roi et la paix d'Utrecht suffisent à expliquer qu'on ait attendu jusqu'en 1740 pour réaliser des améliorations depuis si longtemps jugées nécessaires.

Pendant cette première partie du xviiie siècle, néfaste pour la France et surtout pour la Flandre maritime française, le lit de l'Aa, de Gravelines à la mer, débouchait à 4 ou 5 kilomètres à l'Est de la ville, et se comblait de plus en plus. L'écluse Vauban, impuissante à l'entretenir à elle seule, s'ensablait peu à peu. La ruine du pays submergé augmentait chaque jour, et Gravelines, presque déserte, était d'une habitation si malsaine, que le roi avait dû accorder la haute paye aux troupes qu'on y envoyait en garnison. Il en était ainsi lorsqu'en 1730 un habitant de la ville, le sieur Daverdoing, se rendit à la cour avec d'anciens projets d'amélioration qu'il avait trouvés dans les papiers de sa famille. L'entreprise qu'il venait proposer devait coûter environ 1,500,000 livres. La guerre, qui éclata en 1733, fit ajourner jusqu'en 1737 l'examen de ces projets.

Il s'éleva ensuite des contestations sur la position de l'écluse : les uns voulaient la construire sur les premières fondations de 1638, afin que le canal pût servir de bassin à flot ; les autres préféraient la placer immédiatement sous le feu de la place, pour éviter un poste de garde avancé ; les fossés de la place devaient servir de réservoir de chasses, en même temps que l'on pourrait chaque jour en rafraîchir les eaux.

« M. de La Fond, ingénieur de grande réputation, aussi éclairé dans la théorie qu'expérimenté dans la pratique, dit Belidor, ayant été nommé directeur des fortifications des places du département de Dunkerque, se rangea de ce dernier avis et fit prévaloir des motifs aussi puissants. »

L'exécution du chenal actuel, ordonnée par Louis XV en 1737, fut achevée vers 1740 ; l'écluse destinée à en assurer la conservation fut fixée au bord de la contrescarpe, à environ 900 toises en amont de l'ancienne écluse commencée par les Espagnols en 1638, et définitivement abandonnée.

La longueur de ce chenal est d'environ 1,800 toises en ligne droite, non compris 340 toises pour rejoindre le radier de l'écluse

Vauban, qui, d'après les sondages et nivellements de cette époque, était à 7 pieds au-dessus de l'écluse d'aval des Espagnols.

Le plan du port et des ouvrages de la place de Gravelines, vers le milieu du xviiie siècle, est reproduit ci-dessous, d'après les données fournies par l'*Architecture hydraulique* de Belidor, publiée en 1788.

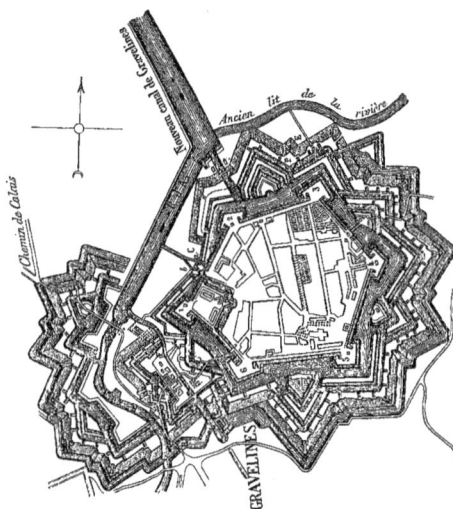

« Quand on considère la grande quantité d'eau que contiennent ensemble les fossés et les avant-fossés dont Gravelines était et est encore entourée, avec celle que fournit l'Aa, le tout pouvant venir successivement à l'écluse A, on conviendra que jamais écluse de chasse n'a eu un réservoir plus abondant pour l'entretien d'un chenal, indépendamment de l'avantage qu'elle peut procurer à la dé-

fense de la place de vider et de remplir les mêmes fossés deux fois
en vingt-quatre heures, par l'eau de la mer ou de la rivière d'Aa,
en telle quantité que l'on veut, et de la faire circuler avec un art
qui a été porté plus loin à cette place que partout ailleurs. » Telle
était l'opinion de Belidor sur les combinaisons préférées par M. de
La Fond, et qui ont prévalu jusqu'à nos jours.

Les autres écluses qui complétaient tout ce système sont les
suivantes :

L'écluse F, sur le canal G H L I (correspondant aujourd'hui au
pont 79 et avant-fossés à la suite, ainsi qu'au canal de l'écluse de
la Tuerie), pour servir de décharge quand les eaux du pays étaient
fort abondantes, ou lorsque, pour quelques réparations, le passage
ordinaire de la rivière était interrompu ;

Les écluses L et M, près de ce canal : la première servait à rafraîchir l'avant-fossé, et la seconde le fossé de la place, lorsqu'ils
avaient été mis à sec pendant la basse mer par les écluses de
chasse et de fuite, placées en C, ou par la nouvelle A ;

L'écluse D, que l'on nommait *provisionnelle*, située dans le chemin couvert près de la branche gauche de l'ouvrage à cornes, à
l'emplacement des écluses actuelles dites 71 et 71 *bis;*

Enfin les deux écluses *a* et *b* dans le chemin couvert, à droite
et à gauche de la place d'armes C, qu'on nommait *de la Galine;*
elles étaient séparées par un batardeau en maçonnerie en travers
du fossé, et pourvues chacune de deux paires de portes busquées,
dont l'une servait à soutenir l'eau de la rivière, quand elle venait
à gonfler par le flux de la mer, et l'autre, celle du fossé, pour lui
laisser, dans le temps du reflux, la liberté de s'écouler tantôt par
une écluse et tantôt par l'autre, ou par toutes les deux ensemble,
selon les besoins.

« Admettant dès lors que la rivière eût une profondeur convenable à son libre écoulement, et que le fond du fossé allât un

peu en pente à mesure que, partant de loin, il approche des deux
faces du batardeau de la place d'armes C, il est visible, dit Belidor, que, fermant les écluses B (Vauban) et F (de la Tuerie) et
ouvrant les deux autres L et D (71 aujourd'hui) pour faire passer
l'eau de la rivière dans les fossés de la place, elle y circulait tout
autour, pour ne s'échapper à basse mer que par celle des deux
écluses *a* et *b* que l'on voulait; car, si on laissait la première ouverte et la seconde fermée, l'eau, ne pouvant dépasser le batardeau
de la place d'armes C, était contrainte de faire le tour de la place
pour s'évacuer; et si on fermait la première *a* en ouvrant la seconde *b*, elle s'épanchait par cette dernière; et des deux manières
elle nettoyait par son cours le fossé. Il est tout simple que la même
circulation pouvait avoir lieu avec l'eau de mer, en la laissant entrer par l'une des écluses avec le flux et sortir par l'autre avec le
reflux. C'était aussi pour faciliter encore mieux le jeu des eaux des
mêmes fossés, qu'on avait fait une autre petite écluse, nommée *de
la Renardière*, placée dans le chemin couvert, à l'endroit E. »

Cette éclusette de la Renardière a cessé de fonctionner lorsque
l'ancien chenal, dans lequel elle débouchait, fut comblé et isolé du
nouveau; elle a été remplacée par une autre éclusette P, qui existe
encore à l'extrémité du fossé de la branche gauche de la contre-garde
du bastion N. O., et dont le nom, *vannes d'argent*, rappelle les difficultés qu'on eut à la construire.

Le chenal de Gravelines ne fut pas entretenu avec tous les soins
nécessaires, et les chasses ne conservèrent pas longtemps l'efficacité
qu'elles avaient à l'origine.

Peu à peu les fièvres reparurent dans le pays. De 1773 à 1783,
Calais, Bergues et Gravelines furent le théâtre de nouvelles épidémies, et l'on reconnut la nécessité de remettre en état le chenal
de l'écluse de chasse. Mais l'insuffisance des ressources qu'on y
affectait entraîna des lenteurs dans l'exécution, et la nécessité de
conserver trop longtemps le batardeau à l'abri duquel s'exécutaient
les travaux aggrava même momentanément le mal. On était ainsi

retombé dans les embarras des siècles précédents, faute d'avoir
convenablement assuré l'entretien de l'écluse de chasse de 1740.

Les ports de commerce et leurs dépendances passèrent en 1785
des attributions du ministère de la marine dans celles du corps
des ingénieurs des ponts et chaussées; bien que les écluses de Gravelines eussent pour principal objet l'hygiène du pays et l'entretien du chenal, elles restèrent dans les attributions de la guerre.

Cette situation se prolongea pendant près de cinquante ans, au
grand détriment du chenal et de la vallée de l'Aa.

Dès la fin du siècle dernier, le chenal de Gravelines commen-
çait déjà à se combler de nouveau, sans que le service civil des
ports de commerce pût faire autre chose que joindre ses instances
à celles des autres intéressés, pour obtenir que le service militaire
fît fonctionner les écluses le plus souvent possible.

Le Comité de salut public décréta l'exhaussement et le prolongement des digues et jetées, ainsi que l'érection d'un fort en charpente pour en défendre l'entrée; mais ces ouvrages étaient à peine
entrepris, vers l'an iv, que la pénurie du Trésor les fit inter-
rompre; on abandonna les pilotis du fort, et les jetées tombèrent
en ruines.

Interrompus sous le Directoire, les travaux ne furent repris
que sous le Consulat, puis interrompus de nouveau de 1809 à
1813.

Un décret impérial du 30 novembre 1811 décida qu'à partir
du 1er janvier 1812 les petits bateaux connus sous le nom de
smoggleurs, admis jusque-là dans les ports de Dunkerque et de
Wimereux, cesseraient d'y être reçus, et que le port de Gravelines
leur serait seul ouvert. Cette mesure était motivée sur ce que les
smoggleurs anglais ne pouvaient pas être aussi sûrement surveillés
dans les deux premiers ports qu'au Fort-Philippe. Il n'est pas inu-
tile de rappeler à ce sujet que l'Empire avait établi un commerce
assez important avec les Anglais, bien qu'il fût en guerre avec l'An-

5

gleterre. Rothschild était le banquier accrédité du gouvernement français pour ces opérations, qui versaient en France plusieurs millions par mois, tant en lingots d'or qu'autrement, en échange de soieries, spiritueux et autres marchandises tirées des fabriques du pays. C'est la Restauration qui mit fin au commerce des smoggleurs. Il valut un notable accroissement à la population du Fort-Philippe : elle ne comptait que quelques familles de pêcheurs avant 1812, et elle ne tarda pas à compter près de 1,000 habitants (la population du petit Fort-Philippe est aujourd'hui de 1,521 âmes).

De 1813 à 1823, on employa 128,850 francs à la continuation des quais du port d'échouage et au commencement de la reconstruction des jetées.

L'état du chenal allait toujours empirant ; les reconstructions partielles des jetées étaient insuffisantes pour l'entretenir, et le gouvernement de la Restauration, obligé de les continuer, y affecta, à partir de 1823, une nouvelle somme de 229,470 francs, dont la totalité ne fut complétement dépensée qu'à la fin de 1832.

A l'avénement du gouvernement de Juillet, le port de Gravelines avait environ 250 mètres de quais, pour la plus grande partie en charpente ; il était encombré de sable et de vase ; à basse mer, on traversait le chenal à pied sec entre les hameaux du Fort-Philippe ; les bateaux de pêche de quinze à vingt tonneaux pouvaient à peine entrer et sortir pendant les pleines mers de morte eau, toutes les fois que le temps devenait un peu défavorable.

On continua d'abord les travaux de reconstruction des jetées, en y employant 198,280 francs, de 1832 à 1840.

Mais l'écluse de chasse de 1740 était en très-mauvais état ; le service militaire, qui n'avait pas eu de ressources suffisantes pour l'entretenir, en avait encore moins pour la reconstruire.

Le service des ports de commerce avait dépensé au port de Gravelines, en cinquante ans, une somme de 598,600 francs, c'est-à-dire à peine 12,000 francs par an ; le service militaire avait conservé la direction des manœuvres des ouvrages indispensables à la conservation du chenal et la charge de leur entretien, sans avoir pu même y affecter annuellement cette somme.

On se décida enfin à faire passer des attributions du génie militaire dans celles du service des ports de commerce l'écluse de chasse et l'écluse Vauban, la première par une ordonnance royale de 1837, qui en prescrivit la reconstruction, et la seconde par une ordonnance de 1847, qui chargeait les ingénieurs d'y exécuter les réparations nécessaires et d'y ajouter un nouveau pertuis à sas pour la communication de la batellerie entre la rivière et le port d'échouage.

De 1837 à 1843 on employa 370,000 francs à la construction de l'écluse de chasse, et, de 1847 à 1852, 650,745 francs à l'amélioration et à la reconstruction de l'écluse Vauban, sans toutefois pouvoir réaliser le sas prévu, parce que l'ancienne écluse Vauban de 1699, qui était affouillée et en mauvais état au moment où elle avait été remise au service du port, s'effondra en 1848 pendant la construction des fondations du nouveau sas. On se borna à reconstruire une écluse simple sans sas, avec deux pertuis un peu plus larges et un peu plus profonds que ceux de l'écluse Vauban.

L'écluse Vauban remplaçait, dans cette partie de la rivière, l'écluse d'amont des Espagnols, et l'on avait eu le soin d'en établir le busc et les fondations à 0m,45 plus bas que la première : précaution essentielle quand on établit un ouvrage au milieu d'une rivière dont le fond est essentiellement vaseux et affouillable. L'écluse de 1848 n'a pas duré, parce qu'elle était encore fondée trop haut, sur béton et non sur pilotis. Il eût fallu l'enraciner profondément dans le sous-sol au-dessous du sable vaseux et en plein sable pur.

On continua sans interruption la reconstruction des jetées du chenal, moyennant une somme de 244,762 francs; puis, de 1840 à 1843, on acheva les quais en charpente du port d'échouage et l'on établit ceux des Norwégiens et du petit Fort-Philippé. Le tout a coûté 112,254 francs. Enfin, de 1837 à 1838, on construisit le phare de Gravelines, à l'aide d'un crédit spécial de 38,480 francs.

Le port de Gravelines se trouvait ainsi, vers le milieu du XIXᵉ siècle, à peu près restauré, par les soins du service des ports de commerce, qui y avait employé, de 1785 à 1852, une somme de 2,014,841 francs, soit environ 30,000 francs par an, à raison de 12,000 francs par an jusqu'à la monarchie de Juillet, et de 73,000 francs par an depuis 1830 jusqu'au second Empire.

A partir de ce moment, les travaux qui furent exécutés à Gravelines consistent dans des améliorations effectives, telles que :

Organisation du canal-sas de la Tucrie, de 1850 à 1851, moyennant la dépense de....................	3,500ᶠ
Balisage du chenal, signaux et feux de marée, de 1850 à 1857	11,731
Construction de 130 mètres de quais en maçonnerie à la place d'une portion des anciens quais en charpente, de 1852 à 1858.............................	113,489
Construction d'une digue de halage insubmersible à l'origine de la jetée de l'Est, sur 654 mètres de longueur, de 1854 à 1862..........................	64,386
Total des améliorations en dix ans.....	193,106

Ces travaux ne causèrent aucun préjudice aux réparations nécessaires qui, en dehors de l'entretien proprement dit, se résument à peu près comme il suit, de 1850 à 1860 :

Réparations à l'écluse Vauban....................	22,700ᶠ
Réparations à l'écluse de chasse..................	7,314
Réparations des digues du chenal le long de l'ancien domaine des Hems-Saint-Pol, sur 936 mètres de longueur.	43,048
Réparations diverses aux jetées, aux fossés de la place, etc.	72,562
Total en dix ans.................	145,624

Tel était l'état du port de Gravelines quand le décret du 5 juin

1861 autorisa de nouveaux travaux, destinés à assurer les desséchements de la vallée de l'Aa, ainsi que les communications entre le port d'échouage et les voies navigables de l'intérieur. Le nouveau projet transformait les fossés de la place en réservoirs pour les chasses, en appliquant sur la plus grande échelle le système proposé en 1740 par Belidor.

Les travaux exécutés en vertu de ce décret comprennent :

L'organisation de la dérivation de l'Aa, suivant la coupure dite 79 *bis*, avec pont correspondant;

La construction des barrages éclusés 71 *bis*, 49 et 57 *bis*;

La construction de l'écluse 63 *bis*;

Divers autres ouvrages accessoires, destinés à compléter ce système à tous les points de vue, desséchements, chasses et navigation intérieure.

Ils ont été réalisés de 1864 à 1870, et ont coûté une somme totale de 839,078 francs.

L'objet principal du projet était de donner à l'Aa un double débouché à la mer, de manière que, en cas d'accident arrivé à l'un, l'autre pût le suppléer, et, en outre, d'utiliser complétement les fossés de la place comme réservoirs, se vidant rapidement pendant les marées baissantes et recevant les eaux surabondantes pendant les hautes mers, tout en desservant convenablement la navigation intérieure, les desséchements de la première section des wateringues du Nord, et les chasses nécessaires à l'entretien du chenal.

Les crues extraordinaires de 1867 et de 1872-73 ont prouvé que le but avait été atteint : le double débouché a fonctionné en grand pendant la première ; et l'un des deux seulement a servi pendant la seconde, l'autre se trouvant alors en chômage, par suite de la reconstruction de l'écluse Vauban, qui s'était écroulée le 5 juillet 1868. L'écluse 63 *bis* n'était pas encore construite ; mais on avait pu garantir promptement le pays contre l'invasion des marées en jetant un batardeau en travers de la rivière, à l'emplacement désigné d'avance pour assurer la construction de cette dernière écluse. L'insuffisance des crédits annuels avait seule retardé jusqu'alors l'établissement de l'écluse 63 *bis*, destinée à protéger contre les envahissements de la mer les wateringues situées sur les deux rives de l'Aa.

Pendant cette période de 1860 à 1870, la ville de Gravelines s'était mise en instance auprès du Gouvernement pour obtenir dans le port proprement dit les améliorations que réclamait la navigation maritime, et avait offert à l'État une subvention de 100,000 fr., prise sur la caisse communale. Ces améliorations consistaient dans la création

> De moyens de halage et d'appareillage, à l'entrée et à la sortie du chenal et du port d'échouage;
> Et de nouveaux quais, nécessaires au stationnement des navires dans l'intérieur du port d'échouage.

Les études correspondantes ayant été présentées et admises aux enquêtes en 1861, un décret fut rendu le 16 septembre 1867, autorisant l'exécution des travaux. Les ressources annuelles du budget de l'État ne suffisaient pas pour assurer en peu d'années l'achèvement de ces ouvrages, dont l'estimation première était de 788,000 francs; le Gouvernement accepta, avec l'assentiment des Chambres, l'offre que lui fit la ville d'avancer au Trésor, en peu d'années, le montant des projets approuvés. La loi consacrant cette combinaison financière fut promulguée le 20 mai 1868.

Les travaux ont été poussés avec quelque activité à partir de 1870 : pendant les années 1870, 1871 et 1872, nonobstant les événements de 1870-1871, on y dépensa une somme de 406,880 fr., à raison de 135,000 francs par an, non compris l'amortissement du capital.

Les résultats des ouvrages exécutés sur l'allocation du décret du 16 septembre 1867 se résument comme il suit, à la fin de l'année 1872 :

Réalisation presque complète des moyens de halage à l'Est du chenal ;
Commencement de ceux de l'Ouest ;
Déplacement des chantiers de construction ;
Construction de divers ouvrages accessoires.

C'est au moment où l'on allait commencer ces améliorations que se produisit, à la date du 5 juillet 1868, le nouvel accident de l'écluse Vauban, et qu'il fallut s'occuper de la reconstruire, pour la troisième fois depuis deux siècles et demi.

On construisit aussitôt l'écluse 63 *bis*, en en faisant une écluse de garde, munie de portes de flot et de portes d'ebbe dans ses trois pertuis, de 6 mètres chacun, de telle sorte que l'espace compris entre ce barrage et l'écluse Vauban, reportée plus en aval, pût servir de bassin à flot mixte pour la navigation fluviale et maritime, entre la rivière et le port d'échouage, sans qu'on eût à craindre d'introduire d'eau salée dans le pays pendant la saison d'été.

On entreprit en même temps la reconstruction de l'écluse Vauban, en y comprenant un pertuis de navigation de 10 mètres de largeur, avec busc descendu à la profondeur convenable pour le passage, en vive eau, de navires de 500 à 600 tonneaux ; l'autre pertuis ayant 8 mètres de largeur, le débouché linéaire total de la nouvelle écluse se trouve porté à 18 mètres, supérieur de 2 mètres à celui de l'ancienne ; la profondeur est augmentée de 1^m,30 par rapport à celle de 1848.

Jusqu'alors ces écluses, successivement construites à l'amont du chenal de Gravelines, avaient été surtout conçues au point de vue des desséchements de la vallée de l'Aa ; les radiers et les fondations avaient toujours été établis trop haut pour que la navigation et le commerce pussent en tirer aucun profit ; les autres intérêts n'y trouvaient que des embarras et des gênes périodiques très-regrettables. Cette fois, on comprit la nécessité de fonder dans le sous-sol de sable pur au-dessous du fond du lit de la rivière. Les desséchements ne pourront, à la vérité, tirer parti des améliorations ainsi réalisées que lorsqu'on aura mis le cours de la rivière en rapport

avec ses débouchés à la mer; car jusqu'à présent la capacité de
débit de l'Aa est restée à peu près ce qu'elle était au temps de
Vauban : elle est inférieure à celle des systèmes de débouché
organisés en 1848 par la reconstruction de l'écluse Vauban,
et de 1864 à 1867, par les ouvrages prévus au décret du 5 juin
1861.

Ces derniers travaux d'amélioration, comprenant la reconstruction de l'écluse Vauban et la création d'un bassin à flot mixte
entre elle et l'écluse 63 *bis*, ont été sanctionnés par un décret
spécial du 18 janvier 1871, qui a fixé les dépenses à une somme
de 847,000 francs.

Ils ont été aussitôt entrepris, à la suite de l'achèvement de l'écluse
63 *bis;* les dépenses faites jusqu'à la fin de 1872 sur cette dernière
allocation sont de 437,127 francs. Les travaux exécutés consistent :
dans la réalisation complète des fondations et du radier de la
nouvelle écluse d'amont, désormais maritime; dans l'achèvement
presque complet des déblais et des revêtements de talus du bassin
à flot intermédiaire, et dans quelques ouvrages accessoires pour la
régularisation du chenal de la Tuerie.

Enfin, dans cette même dernière période décennale, on a con-
tinué les réparations et reconstructions partielles des anciens ouvrages, et l'on y a employé, de 1862 à 1872, une somme d'environ
314,000 francs. à peu près comme il suit :

> Réparations aux écluses de chasse, de la Tuerie et 71-
>   71 *bis* (ancienne écluse *provisionnelle*) . . . .   37,400^f
> Réparations des digues du chenal, le long de l'ancien do-
>   maine des Hems-Saint-Pol, sur 1,500 mètres de lon-
>   gueur. 163,500
> Réparations au balisage et établissements de feux de marée   3,500
> Réparations diverses aux jetées, quais, fossés de la
>   place, etc. 109,600
>
>   Total en dix ans. 314,000

Ces travaux ont porté à la moyenne de 31,400 francs par an les dépenses faites à Gravelines dans cette dernière période décennale, à titre de réparations ou reconstructions d'ouvrages existants, non compris les dépenses d'amélioration, qui ont été en moyenne de 168,300 francs par an; tandis que, dans la période décennale précédente, les dépenses annuelles totales n'avaient pas dépassé 34,000 francs, dont 14,000 pour les réparations et 20,000 pour les améliorations.

Pour résumer cet aperçu historique du port de Gravelines, on peut dire, en laissant de côté les dépenses faites avant 1659, que la France y a dépensé, depuis plus de deux siècles, une somme d'environ 6 millions, et que cette somme s'élèvera à plus de 7 millions, après l'achèvement des travaux des décrets de 1867 et de 1871.

CHAPITRE III.

DESCRIPTION DU BALISAGE, DE L'ÉCLAIRAGE ET DES SIGNAUX DE MARÉE.

Toutes les indications mentionnées au chapitre III de la Notice de Dunkerque se rapportent aussi bien aux approches de Gravelines qu'à celles de Dunkerque.

Le balisage des *Bancs de Flandre* au large et celui de la rade y sont décrits d'une manière explicite, et il y a lieu de s'y reporter pour connaître en détail les indications qui intéressent la fréquentation du port de Gravelines, et qui se résument ainsi qu'il suit :

Pour le balisage du large :

Sept bouées en tôle, de grandes dimensions, surmontées de voyants variés, signalant la limite extérieure des bancs, depuis le *banc de Bergues* jusqu'à l'extrémité occidentale de l'*Out-Ruytingen*, ainsi que la passe comprise entre la pointe occidentale du grand banc de l'*Out-Ruytingen* et le petit banc qui s'en détache dans l'Ouest ;

A l'entrée de la passe comprise entre l'*Out-Ruytingen* et l'*In-Ruytingen*, un ponton de 150 tonneaux, peint en rouge, portant une sphère rouge en tête du mât, et le nom de *Ruytingen* inscrit sur ses flancs ;

Pour le balisage de la rade :

Douze bouées en tôle, de diverses dimensions, surmontées de voyants sphériques, coniques ou en croix, signalant les limites Nord et Sud et les entrées de l'Ouest et de l'Est ;

A l'entrée de la passe de l'Ouest, un ponton de 150 tonneaux, peint en rouge, portant une sphère rouge en tête du mât, et le nom de *Snouw* inscrit sur ses flancs ;

A 6 milles environ dans l'Ouest du précédent, à peu près dans le prolongement du chenal de Gravelines, un autre ponton, de

200 tonneaux, également peint en rouge, portant deux sphères rouges en tête de ses deux mâts, et le nom de *Dyck* inscrit sur ses flancs.

On trouve aussi dans la Notice de Dunkerque des détails sur l'éclairage de toute cette côte.

Les phares de Gris-Nez, de Calais et de Walde combinent leurs feux avec ceux de Gravelines, Ruytingen, Dyck et Dunkerque, pour faire éviter les bancs de Flandre, ou pour guider l'atterrage vers Gravelines et la rade de Dunkerque.

Le feu flottant *Dyck,* pris par le phare à éclipses de Dunkerque, signale aux navigateurs venant de l'Ouest la direction à suivre pour gagner la rade. Vu un peu à gauche du phare à feu fixe de Gravelines, il donne la route à tenir pour passer entre la pointe occidentale du grand banc de l'*Out-Ruytingen* et le petit banc qui s'en détache dans l'Ouest. La ligne joignant le phare à feu fixe de Gravelines au feu flottant de *Ruytingen* passe entre les bancs du *Dyck occidental* et du *Dyck,* et entre l'*Out-Ruytingen* et l'*In-Ruytingen;* elle indique aux navigateurs venant du Nord la route à tenir pour atterrir vers Gravelines et la rade sans doubler à l'Ouest toute la partie occidentale des bancs *Ruytingen.*

Pris l'un par l'autre, les feux flottants de *Snouw* et de *Dyck* indiquent le gisement de la rade de Dunkerque, depuis son entrée à l'Ouest jusqu'à l'Est du port.

Quant aux dispositions spéciales du balisage et de l'éclairage de l'entrée du port de Gravelines, elles se présentent comme il suit :

A l'Ouest de l'entrée du chenal, une grande balise en bois, peinte en rouge, dite *15ᵉ balise de l'Ouest,* surmontée d'une sphère au-dessus d'un tronc de cône ;

Puis quatorze balises en bois, de moindres dimensions, peintes en rouge, signalant pendant les hautes mers la jetée submersible de l'Ouest, sur laquelle elles sont établies.

Ces balises, sauf la 15ᵉ à l'entrée Ouest du chenal, seront bientôt supprimées, et remplacées par un exhaussement de la jetée, rendue

6.

insubmersible sur une grande partie de sa longueur, et, pour le reste, surmontée d'une jetée en charpente avec musoir apparent à son extrémité.

A l'Est de l'entrée du chenal, s'élevaient, jusqu'à l'année dernière, une grande balise fixe en charpente, peinte en noir et surmontée d'une croix; puis neuf balises en bois, de moindres dimensions, peintes en noir, qui signalaient pendant les hautes mers la jetée submersible de l'Est, sur laquelle elles étaient placées.

Mais elles ont maintenant presque toutes disparu et sont remplacées par un exhaussement de la jetée, qui est déjà rendue insubmersible sur une bonne partie de sa longueur, et qui, pour une autre partie, est surmontée d'une jetée en charpente à claire-voie avec musoir apparent.

Ces améliorations du côté Est du chenal seront terminées en 1873.

L'éclairage spécial du port de Gravelines se compose d'un phare et de deux fanaux, dits *feux de marée*.

Le phare de Gravelines, situé au petit Fort-Philippe, à l'origine de la jetée N. E. du port, est un feu fixe de troisième ordre, dioptrique (lenticulaire) et de 14 milles de portée. Son foyer est à 27 mètres au-dessus du sol et à 29 mètres au-dessus des hautes mers; il est placé au sommet d'une tour cylindrique en briques, avec soubassement rectangulaire, par 51°0′18″ de latitude et 0°13′40″ de longitude Ouest.

Les deux fanaux, ou feux de port, sont situés au grand Fort-Philippe, à l'origine de la jetée du S. O., à 60 mètres de distance l'un de l'autre : ce sont des feux fixes de quatrième ordre, catoptriques (à réflecteurs) et de 6 milles de portée. Leurs foyers sont à 4 mètres au-dessus du sol et à 6 mètres au-dessus des hautes mers; l'un des deux, celui d'aval, est toutefois tenu un peu plus bas que l'autre. On les hisse le long de montants en fer. La position géographique du feu inférieur est par 51°0′20″ de latitude et 0°13′55″ de longitude Ouest.

Ces deux feux de marée, pris l'un par l'autre, donnent la direction à suivre pour entrer dans le chenal. Ils sont allumés deux heures avant la pleine mer, et éteints à deux heures de jusant, ce qui correspond à une profondeur d'eau, dans le chenal, de 2 mètres environ en morte eau.

Le système des signaux de marée fonctionne, au port de Gravelines, à l'aide d'un mât sans vergue, installé à l'Ouest du chenal et au milieu de sa longueur, près des feux de marée. Ces signaux indiquent, pendant le jour, les hauteurs de la marée de mètre en mètre, à partir de 2 mètres au-dessus du zéro de l'échelle du port; on les produit au moyen de ballons et de pavillons, qu'on hisse sur le mât, suivant les conventions réglementaires.

CHAPITRE IV.

DESCRIPTION DU PORT.

La première partie du port de Gravelines, en l'abordant par la mer, se compose d'un chenal extérieur, d'un chenal intérieur et d'un port d'échouage, qui sont, sur toute leur étendue, soumis aux mouvements alternatifs des marées.

La longueur totale du chenal, extérieur et intérieur, et du port d'échouage est de 3,900 mètres; la largeur moyenne, de 50 à 60 mètres. Le tirant d'eau est de 4 à 5 mètres, suivant les marées.

Le chenal extérieur a environ 1,500 mètres de long; il est bordé de chaque côté par des jetées en enrochements, en partie insubmersibles, en partie submersibles.

Le chenal intérieur a environ 1,800 mètres de long; il est bordé de chaque côté par des digues en terre, dont les talus intérieurs sont perreyés jusqu'au niveau des plus hautes marées. Il comprend une surface de 3 hectares environ susceptible d'être affectée au stationnement des navires.

Le port d'échouage, dont la direction est à angle droit sur celle du chenal, a environ 600 mètres de long; il comprend 325 mètres de quais, dont 130 mètres en pierre et le reste en bois. La superficie du port d'échouage susceptible d'être affectée au stationnement des navires peut être estimée à 1 hectare 1/2. La surface de quais susceptible d'être affectée au mouvement des marchandises est d'environ 3,250 mètres carrés.

Au fond du port d'échouage débouche une écluse de navigation maritime en reconstruction, qui établira la communication entre le port d'échouage et le bassin à flot en voie de création.

Ce bassin à flot présentera une superficie d'eau de 2 hectares 1/2, bordée de talus, au droit desquels on pourra établir des quais en charpente sur environ 600 mètres de développement; ils comporteront à peu près 10,000 mètres carrés de surface affectée au mouvement des marchandises.

Il communique directement avec la rivière de l'Aa, par l'amont, au moyen d'une écluse qui vient d'être construite.

Les écluses qui desservent le bassin à flot sont ainsi au nombre de deux :

L'une, pour les mouvements de la navigation maritime et les rapports avec le port d'échouage, écluse 63 ou écluse Vauban, en reconstruction;

L'autre, pour la navigation intérieure, écluse 63 *bis*, terminée dans l'hiver de 1870-1871.

Toutes deux sont des écluses simples, munies de portes d'ebbe et de flot.

L'écluse Vauban a deux pertuis, l'un de 10 et l'autre de 8 mètres de large; ses buscs, établis au niveau des basses mers de vive eau, donnent $5^m,50$ de tirant d'eau en vive eau et $4^m,50$ en morte eau.

L'écluse 63 *bis* a trois pertuis de 6 mètres de largeur chacun, avec buscs établis à $0^m,50$ au-dessus du niveau des basses mers de vive eau, et donne un tirant d'eau de 3 mètres à $3^m,50$ au plus bas étiage de la rivière.

En résumé, le port de Gravelines va avoir un bassin à flot, communiquant avec la mer et les voies navigables de l'intérieur par le moyen de deux écluses, et donnera ainsi en tout 7 hectares de superficie pour le stationnement des navires, dont 2 hectares 1/2 à flot et 4 hectares 1/2 d'échouage, 325 mètres courants de quais de port d'échouage, et 3,250 mètres carrés de superficie pour le mouvement des marchandises; et il pourra donner, au fur et à mesure des besoins et des ressources, 600 mètres de quais à flot, correspondant à 10,000 mètres carrés de surface.

Les dimensions de ces écluses, qui comprennent trois pertuis de 6 mètres en amont et deux pertuis de 10 et 8 mètres en aval, sont évidemment bien supérieures aux besoins de la navigation. On verra plus loin que c'est pour concilier avec ces besoins ceux de l'évacuation des crues extraordinaires de l'Aa, qu'on a ouvert les deux pertuis supplémentaires de l'écluse d'amont et le pertuis de 8 mètres de l'écluse d'aval.

En ce qui concerne les relations de la navigation intérieure avec la navigation maritime, le port de Gravelines, comme cela existe depuis vingt ans à Dunkerque, jouira d'une communication facile et continue entre le bassin à flot et les voies navigables de l'intérieur.

Les *bélandres* du Nord arrivent à Gravelines par la rivière de l'Aa, canalisée depuis Saint-Omer. Le tirant d'eau de cette voie n'est encore que de $1^m,5o$ entre Saint-Omer et Gravelines, tandis que celui des canaux qui prolongent la ligne jusqu'à Lille et à Paris atteint $1^m,8o$.

Le niveau ordinaire de navigation de l'Aa est réglé à Gravelines par la cote $4^m,28$ au plus bas (cote rapportée au zéro du port) dans les temps humides et pendant l'hiver, quand il n'y a pas lieu de faire des tirages de basse mer à pleine voie; dans les temps de sécheresse ou pendant l'été, on le relève autant que possible à la cote $4^m,4o$, sans pouvoir généralement l'y conserver, par suite de l'insuffisance du débit de la rivière; il descend le plus souvent à $4^m,2o$ et quelquefois même, dans les années de sécheresse extrême, jusqu'à $3^m,9o$.

Après avoir franchi le pertuis du pont tournant 72, dit *de Gravelines*, les bateaux peuvent stationner dans la portion de la rivière comprise entre ce pont et l'écluse 63 *bis*, espèce de gare de navigation intérieure, où s'opèrent en partie les mouvements des marchandises destinées au commerce local et à la consommation de la ville. Il n'y existe pas de quais, et les terre-pleins, qui dépendent du service militaire, sont loués pour une portion, et occupés par des maisons, des cours et des jardins particuliers.

Tous les bateaux destinés au bassin à flot se rendront directement à l'écluse 63 *bis*, par laquelle ils entreront dans le bassin; là les transbordements s'opéreront bord à bord avec les navires.

L'écluse 63 *bis* est munie de vannes dans ses portes d'ebbe et de flot; ses pertuis ont 6 mètres de largeur. Il en est de même de l'écluse Vauban.

En morte eau, la pleine mer n'atteignant pas toujours le niveau de navigation de la rivière, le bassin sera en libre communication avec l'Aa pendant tout l'intervalle de temps compris entre la fin d'une pleine mer et les approches de la suivante; s'il y a lieu de faire des mouvements maritimes un peu avant le plein, on fermera les portes de l'écluse 63 *bis*, et, à l'aide des vannes de l'écluse Vauban, on abaissera le niveau du bassin jusqu'à celui de la mer, puis on ouvrira les portes, et la communication sera établie entre le bassin et le port d'échouage.

En vive eau, la durée pendant laquelle le niveau de la mer est supérieur à celui de l'Aa étant de trois à quatre heures, le bassin sera en libre communication avec l'Aa pendant tout le temps qui s'écoule entre les deux étales de mer baissante et de mer montante, en passant par la basse mer; on fermera les portes de flot de l'écluse 63 *bis* un peu avant l'étale de marée montante, et, à l'aide des vannes des portes de flot de l'écluse 63, on relèvera le niveau du bassin avec la marée montante.

Dans ces conditions, le niveau du bassin maritime sera peu variable en morte eau, et restera compris entre $4^m,20$ et $4^m,30$, son minimum correspondant au moment de l'étale de pleine mer; en vive eau, il variera de $4^m,28$ à $5^m,50$ ou 6 mètres, suivant l'ascension des marées, son minimum ayant lieu dans l'intervalle de temps qui s'écoule entre l'étale de la rivière avec la mer baissante et l'étale suivante avec la mer montante.

On ne devra jamais, quand le niveau du bassin sera supérieur à celui de la rivière, faire baisser le niveau du bassin à l'aide des vannes des portes de flot de l'écluse 63 *bis*, ni faire passer des bateaux entre le bassin et la rivière, parce que toute introduction

7

d'eau salée dans l'Aa doit être absolument évitée, comme désastreuse pour l'agriculture et dangereuse pour la santé publique dans les wateringues du littoral et dans la ville de Gravelines.

Les petits bateaux de la navigation intérieure, qui n'ont pas plus de $3^m,55$ de largeur, désignés dans le pays sous le nom de *bateaux guinois*, peuvent aussi communiquer avec le port d'échouage par la dérivation de l'Aa, dite *coupure de dérivation* 79 *bis*, en empruntant une partie des fossés extérieurs de la place, pour atteindre le canal-sas et l'écluse de la Tuerie, dont la largeur n'est que de $3^m,57$. Tous ces ouvrages ont passé dernièrement des attributions du génie militaire dans celles du service des ports de commerce.

Cette dérivation du cours de l'Aa, qui sert d'accessoire à la navigation intérieure, a une longueur d'environ 500 mètres. Elle est en communication continue avec la rivière, et les niveaux de navigation mentionnés plus haut s'étendent jusqu'au canal-sas de la Tuerie; les sassements s'opèrent à l'aide de la vanne 60, en amont, et des vannes des portes d'ebbe de l'écluse de la Tuerie, en aval, pendant le temps que le niveau de la mer reste inférieur à celui de la rivière, ou au moment de l'étale entre les deux, soit à marée montante, soit à marée baissante. Mais le busc de la Tuerie est à la cote $2^m,10$, et la largeur de l'écluse est très-faible, de sorte que l'usage de cette voie de communication est assez précaire, en raison de la nécessité impérieuse où l'on se trouve de ne jamais opérer les sassements à l'aide de l'eau de mer.

Une petite portion du franc-bord de ce canal-sas sert de port intérieur, sur environ 100 mètres de rive gauche, entre la route nationale n° 40 et l'écluse de la Tuerie. Tout le reste de ses rives n'est encore ni régularisé ni utilisé pour le commerce : le génie militaire ne s'en est dessaisi que tout récemment.

Indépendamment de ces ouvrages, considérés au point de vue de la navigation, le service du port de Gravelines comprend encore quatre écluses et neuf éclusettes, dont le jeu, combiné avec les précédentes, sert à assurer les desséchements des wateringues de la septième section du Pas-de-Calais et d'une partie de celles du littoral du Nord et du Pas-de-Calais, et, en même temps, à pourvoir à l'entretien du port d'échouage et du chenal, à l'aide des chasses d'eau salée, quand les eaux de l'intérieur n'y suffisent pas.

Ces ouvrages, qui servent exclusivement aux desséchements et aux chasses, sont :

> L'écluse de chasse, écluse simple à deux pertuis de 7 mètres chacun, débouchant au sommet de l'angle droit formé par le chenal et le port d'échouage, dans la direction de ce dernier ;
>
> L'écluse 71, écluse simple, se manœuvrant avec une vanne de 4^m,30 d'ouverture ;
>
> L'écluse 71 *bis*, écluse simple à deux pertuis de 6 mètres de largeur chacun, munis de portes tournantes ;
>
> L'écluse de la Gérence ou de fuite, écluse simple, se manœuvrant avec une vanne de 2^m,50 d'ouverture ;
>
> L'éclusette 57, dite *des Vannes d'argent*, écluse simple, se manœuvrant avec une vanne de 3^m,30 d'ouverture ;
>
> L'éclusette annexe 57 *bis*, écluse simple, se manœuvrant avec une vanne de 3^m,30 d'ouverture ;
>
> Le barrage à poutrelles, large de 5 mètres, accolé à l'îlot 49 ;
>
> Les vannes de secours 74 et 74 *bis*, aux extrémités des deux branches de la contre-garde 18, l'une en amont de l'écluse de chasse, l'autre en aval de l'écluse de fuite, manœuvrées toutes deux avec des vannes de 2 mètres d'ouverture ;
>
> Les vannes de secours 75 et 62, aux extrémités des fossés de l'ouvrage à cornes de la basse ville, l'une en amont de la vanne 60, et l'autre en aval de l'écluse de la Tuerie, manœuvrées toutes deux avec des vannes ; celle d'aval a 1 mètre d'ouverture ;
>
> Les vannes de secours 97 et 98, aux extrémités des fossés de l'ouvrage extérieur 30 à 34, l'une en amont de l'écluse 63 *bis*, l'autre en aval de l'écluse Vauban, manœuvrées toutes deux avec des vannes de 1^m,50 d'ouverture pour l'ouvrage 97, et de 0^m,80 pour l'autre.

Les manœuvres relatives aux desséchements constituent une branche toute spéciale du service des ports maritimes du Nord et du port de Calais, qui fait partie aussi du delta de l'Aa ; elles

7.

ont reçu beaucoup d'extension et de perfectionnements depuis
quelques années, en ce qui concerne les débouchés de Gravelines,
par suite des travaux du décret du 5 juin 1861, et vont en recevoir encore par suite des nouveaux travaux prescrits par le décret
du 18 janvier 1871. Mais il reste à régulariser le lit de la rivière
sur plusieurs points de son cours entre Saint-Omer et Gravelines,
de manière à mettre le débit de l'Aa en rapport avec celui de ses
débouchés à la mer; car dans l'état de choses actuel, qui date d'un
demi-siècle, les eaux d'inondation de la septième section n'arrivent
que très-lentement à Gravelines. L'accroissement des débouchés à la
mer n'a d'autre effet que de vider plus rapidement la partie d'aval,
au grand détriment de la navigation intérieure, et sans aucun profit
pour les desséchements.

Il résulte de là qu'il est impossible de se rendre compte à Gravelines de la marche des crues d'après l'observation faite aux écluses
des niveaux d'une marée à l'autre, comme on le fait depuis longtemps
à Dunkerque. On corrige ce grave inconvénient du défaut de pente
dans la partie d'amont de l'Aa, en opérant des tirages latéraux vers
les ports de Dunkerque et de Calais, et en réglant chaque jour les
manœuvres des écluses dans les trois ports du delta, par des télé-
grammes envoyés chaque matin de Saint-Omer à l'ingénieur en
chef chargé de la direction de ces manœuvres. Le service des ports
maritimes est ainsi appelé constamment à veiller aux intérêts de
l'agriculture et de la navigation intérieure.

En été, la situation inverse se produit : le débit de l'Aa est in-
suffisant pour assurer dans de bonnes conditions la navigation et
l'alimentation du pays; alors le service des ports doit veiller à ce
qu'aucune manœuvre intempestive des écluses à la mer ne fasse
perdre la moindre quantité des eaux douces de l'Aa, seule res-
source de 80,000 hectares de polders.

On comprend que, dans de pareilles conditions, la fixation
des niveaux à tenir à Gravelines soit très-variable, suivant ceux
de Saint-Omer et suivant le régime des marées. L'expérience

a appris que les manœuvres doivent se faire conformément au tableau ci-dessous, de manière à laisser aux eaux le temps d'arriver à la mer en temps de crue, et à ménager les eaux douces avec la plus grande sollicitude en temps de sécheresse, surtout pendant l'été.

NIVEAU RÉGULATEUR ENVOYÉ CHAQUE MATIN DE SAINT-OMER.		DÉTAIL DES NIVEAUX A TENIR OU DES TIRAGES À FAIRE AU PORT DE GRAVELINES.
PÉRIODES DE PLUIE.	PÉRIODES DE SÉCHERESSE.	
"	Au-dessous de $2^m,25$	Tenir $4^m,40$ si l'on peut, ou, si la rivière se tient au-dessous de $4^m,40$ à Gravelines, mettre les poutrelles.
"	$2^m,25$ à $2^m,30$	Tenir $4^m,35$ jour et nuit.
Au-dessous de $2^m,25$	$2,30$ à $2,35$	Tenir $4^m,30$ jour et nuit.
$2^m,25$ à $2^m,30$	$2,35$ à $2,40$	Tenir $4^m,30$ le jour et $4^m,25$ la nuit, avec un ou deux tirages la nuit du samedi au dimanche et le dimanche.
$2,30$ à $2,40$	$2,40$ à $2,50$	Tenir $4^m,28$ le jour et $4^m,20$ la nuit, avec tirages consécutifs la nuit du samedi au dimanche et le dimanche.
$2,40$ à $2,50$	$2,50$ à $2,60$	Tenir $4^m,28$ le jour. Tirage général la nuit et tirages consécutifs le dimanche.
$2,50$ à $2,70$	$2,60$ à $2,70$	Tenir $4^m,28$ le jour. Tirage général la nuit et tirages consécutifs le dimanche et le mercredi ou le jeudi.
$2,70$ à $2,80$	$2,70$ à $2,80$	Tirages généraux consécutifs de deux jours l'un, en tenant $4^m,28$ dans les journées où le tirage général est suspendu.
$2,80$ à $2,90$	$2,80$ à $2,90$	Tirages généraux consécutifs, sauf une journée, avec tenue d'eau à $4^m,28$ tous les deux ou trois jours, suivant la marche de la crue.
$2,90$ à $3,10$	$2,90$ à $3,10$	En vive eau : tirages généraux consécutifs sans interruption. En morte eau : tirages généraux consécutifs, sauf une journée, avec tenue d'eau à $4^m,28$ tous les deux ou trois jours, suivant la marche de la crue.
Au-dessus de $3^m,10$	Au-dessus de $3^m,10$	Tirages généraux consécutifs sans interruption, en morte eau comme en vive eau.

On peut maintenant se rendre compte des raisons qui ont déterminé les dimensions des écluses 63 *bis* et Vauban.

La construction de l'écluse 63 *bis* avait pour but, avant tout, de protéger contre les envahissements de la mer les wateringues situées sur les deux rives de l'Aa; son emplacement devait être choisi d'après les convenances nécessaires à la sécurité de ses fondations. L'expérience avait démontré qu'il n'était pas prudent de fonder l'ouvrage dans un terrain de sable très-meuble et essentiellement affouillable, en laissant son radier au-dessus du niveau du fond de la rivière, ni d'élever les murs de cette écluse sur une table en béton posée simplement sur le fond du lit de la rivière.

C'est ainsi qu'on a été conduit à régler le niveau des buscs de l'écluse 63 *bis* à la cote $o^m,5o$ et à asseoir le radier général, avec ses parafouilles, sur un pilotis composé de pieux de chêne en grume, de 3 à 4 mètres de longueur, noyés par la tête de $o^m,5o$ à $o^m,6o$ dans le béton.

Les pertuis ont été, par la même raison, calculés de telle sorte que leur débouché total, au niveau de crue $(4^m,7o)$, soit sensiblement égal à la surface moyenne des profils en travers de la rivière pour le même niveau; ils présentent ainsi le double avantage de n'apporter aucune modification sensible au régime des écoulements des grandes crues, et d'éviter la formation des chutes au travers de l'écluse 63 *bis*, ainsi que les affouillements auxquels le sous-sol est exposé dans toute cette partie de la rivière.

La nouvelle écluse Vauban, construite avec le même débouché linéaire et pour laquelle les buscs sont descendus à $o^m,5o$ plus bas, se trouvera en mesure de débiter par ses vannes, sous la charge correspondante au niveau de navigation, un volume d'eau assez considérable pour que la chute à l'écluse 63 *bis* soit évitée, ainsi que le remous nuisible au stationnement des navires et des bateaux dans le bassin.

Quand le lit de la rivière sera ainsi amélioré, ses puissants débouchés seront, en temps de crue, alimentés de telle sorte que les inondations des environs de Saint-Omer ne dureront plus que quelques jours, au lieu de se prolonger pendant des semaines et des mois, comme il arrive dans les hivers pluvieux ou aux époques de dégel; la navigation sur le cours de l'Aa ne sera plus entravée par les tirages de Gravelines; le niveau de crue se soutenant, la batellerie trouvera partout le mouillage nécessaire.

Il suffit de jeter les yeux sur le plan de Gravelines, pour se rendre compte de la manière dont les canaux et les fossés de la place fonctionnent au point de vue des desséchements.

La coupure de dérivation 79 *bis*, combinée avec les écluses 60, 71 et 71 *bis*, et avec l'écluse 63 *bis*, constitue en amont un double débouché pour l'Aa, de sorte que, en cas d'accident sur l'une des deux écluses à la mer, l'autre pourra y subvenir; les écluses 71 et 71 *bis* étant fermées, l'Aa doit passer dans son lit naturel pour s'écouler à la mer par les écluses 63 *bis* et Vauban, tandis que, si l'écluse 63 *bis* est fermée, l'Aa passe par les écluses 71 et 71 *bis* pour se répandre dans les fossés de la place, et s'écouler à la mer par l'écluse de chasse.

Dans le second cas, après avoir franchi les écluses 71 et 71 *bis*, les eaux circulent librement dans tous les fossés des fortifications, et rencontrent, du côté de l'Ouest, avant d'arriver à l'écluse de chasse, l'écluse de fuite ou de la Gérence, qui complète le second système de débouchés. Sous le niveau de crue de l'Aa à l'amont des écluses 71 et 71 *bis* ($4^m,70$), et avec une chute de $0^m,15$ à $0^m,20$ à ces écluses, il reste une pente totale de $0^m,25$ à $0^m,20$ pour assurer la circulation générale dans les fossés, et pour entretenir une hauteur d'eau de $2^m,40$ sur le radier de l'écluse de chasse, qui est à la cote $1^m,90$.

Enfin, dans les crues extraordinaires, quand la rivière a le temps, entre les tirages, de monter au niveau de crue, les trois couples d'éclusettes 75-62, 74-74 *bis* et 97-98 constituent, avec les avant-fossés, des débouchés auxiliaires et des réservoirs supplémentaires, qui permettent d'évacuer, pendant les premières heures, jusqu'à 17 à 18 mètres cubes par seconde, sur un total de 105 à 110 mètres cubes débités par l'ancienne écluse Vauban.

L'écluse de la Tuerie peut fonctionner comme annexe de l'écluse
Vauban ou de l'écluse de chasse, pour le service des desséchements
de l'Aa, de même qu'elle sert d'auxiliaire pour la navigation des
petits bateaux guinois qui fréquentent cette rivière.

Le desséchement de la première section des wateringues du
Nord, dont les eaux arrivent dans les avant-fossés par la vanne
du Schelfvliet, est assuré, à l'aide du barrage accolé à l'îlot 49 et
des éclusettes 57 (dites *Vannes d'argent*) et 57 *bis*, de la manière
suivante :

Quand on fait des tirages généraux de l'Aa par les fossés et
l'écluse de chasse, c'est parce que la rivière est en crue; en même
temps, les wateringues du Nord sont inondées. On ferme le barrage 49; les eaux du canal du Schelfvliet, dont le niveau de
crue est de $0^m,50$ à $0^m,60$ plus bas que celui de l'Aa, arrivent aux
éclusettes 57 et 57 *bis* par les avant-fossés extérieurs de l'Ouest,
et s'écoulent par les fossés et par l'écluse de chasse, pendant tout
le temps que le niveau de l'Aa dans les fossés est au-dessous des
eaux de la première section dans les avant-fossés.

Quand on ne fait pas de tirages généraux dans l'Aa par les fossés,
on tient leur niveau à une hauteur convenable pour que les vannes
57 et 57 *bis* puissent débiter les eaux de la première section, qui
se rendent à la mer par les fossés et par l'écluse de chasse pendant
la durée des basses mers.

Enfin ces divers ouvrages sont en même temps organisés de manière à assurer les chasses que l'on fait, pendant l'été ou quand la
rivière n'est pas en crue, pour l'entretien du chenal de Gravelines.

Ce dernier mode de fonctionnement s'accomplit à l'aide de la
fermeture des écluses 71 et 71 *bis*, qui permet d'introduire la
haute mer dans les fossés toutes les fois que, en vive eau, on n'a
point à écouler les eaux surabondantes de l'Aa ou des wateringues
du Nord.

Le réservoir des chasses formé par tous les fossés de la place est d'environ 20 hectares, pour un débouché linéaire d'évacuation de 14 mètres; la puissance des chasses se mesure par un volume d'eau d'à peu près 400,000 mètres cubes, lancé moyennement dans l'espace de trois quarts d'heure, soit, en moyenne, 8,900 mètres cubes par minute, ou 148 mètres cubes par seconde.

Ce système de chasses est trop faible pour donner des résultats bien satisfaisants. Il a été créé surtout en vue de l'entretien du chenal pour l'écoulement des crues de l'Aa en hiver. Il atteint convenablement ce but.

Le débit de la rivière est à peine suffisant pour entretenir son débouché à la mer en temps de crue; il est clair que le chenal serait bien vite obstrué dans les périodes de sécheresse, lorsqu'on s'efforce de retenir toutes les eaux de l'Aa, si les chasses d'eaux salées n'intervenaient pour le conserver pendant le temps où le débit de la rivière se trouve ainsi annulé.

En définitive, le port de Gravelines comprend, avec son chenal, son port d'échouage et son bassin à flot, les deux branches de l'Aa et tous les fossés de la place, dont l'ensemble est d'une importance capitale pour les desséchements. Les écluses, éclusettes ou vannes à l'aide desquelles fonctionne tout ce système sont au nombre de dix-sept, dont huit écluses proprement dites et neuf éclusettes d'importance secondaire, avec un bassin mixte, servant à la fois de bassin à flot maritime et de grand sas pour la communication de la grande batellerie entre la rivière et le port, et avec un canal-sas pour le service de la petite batellerie.

Les travaux d'amélioration du port au point de vue maritime proprement dit, travaux en cours d'exécution, conformément au décret du 16 septembre 1867, ont pour objet : d'ajouter au port de Gravelines environ 200 mètres de quais, dont 100 mètres dans le bassin à flot et 100 mètres dans le port d'échouage; de remplacer une grande partie des jetées submersibles par des digues insubmersibles, sur 580 mètres à l'Est et 1,230 mètres à l'Ouest, et de surmonter la partie restante, en aval, par des jetées en charpente

8

à claire-voie, sur 304 mètres de longueur à l'Est et 86 mètres à
l'Ouest, y compris, de chaque côté, des musoirs de 5 mètres de
diamètre à l'aplomb des têtes des anciennes jetées basses de
l'Est et de l'Ouest; et de construire une estacade d'appareillage
le long du talus de rive droite du chenal, immédiatement en aval
du goulet de l'écluse de chasse, avec une passerelle de halage sur
ce goulet.

Ces ouvrages sont motivés par les considérations suivantes :

A Gravelines, les deux estrans se prolongent d'environ 300 mètres au delà de la tête des jetées basses; ils sont plats et allongés,
et se découvrent sur une grande largeur à basse mer, de sorte que
les vents, soit de l'Est, soit de l'Ouest, soulèvent les sables et les
apportent à l'entrée du port, tantôt à droite, tantôt à gauche; suivant leur prédominance, et déterminent dans la direction de la
passe des variations correspondantes. D'un autre côté, les effets du
régime général des courants de haute mer tendent toujours à faire
déborder l'estran en avant de la jetée de l'Ouest : la résultante de
ces deux causes est beaucoup plus sensible dans les déviations à
l'Est que dans les déviations à l'Ouest; car, dans le cas des vents
d'Ouest, leur action et le régime des courants littoraux de haute
mer agissent dans le même sens, tandis que, dans le cas des vents
d'Est, l'effet du vent est réduit dans une certaine mesure par celui
des courants.

Ces circonstances sont bien différentes de celles que présente la
passe d'entrée du chenal de Dunkerque, qui tend toujours à s'in-
fléchir vers l'Est, quelle que soit la direction des vents; et la différence s'explique par celle de la configuration des estrans. A Dunkerque, l'estran de l'Ouest se prolonge de 500 mètres au moins au
delà de la tête de la jetée de l'Ouest, tandis que la limite de l'estran
de l'Est est sensiblement en retraite sur la tête de la jetée; les
vents d'Est y ont peu d'action sur les sables de l'estran de l'Est,
qui se dessèchent sur une étendue beaucoup moins considérable
pendant la durée des basses mers, tandis que les vents d'Ouest,

agissant sur un estran qui se dessèche à chaque marée sur une
grande étendue au delà de la tête de la jetée, tendent toujours à
pousser les sables sur la rive occidentale de la passe, en même
temps que le régime général des courants littoraux de haute mer,
portant aussi de l'Ouest à l'Est, agit d'une manière continue dans
le même sens.

Dans ces conditions, l'accès du port de Gravelines présentait
d'autant plus de difficultés que le maximum de vitesse du courant
de flot correspond au plein de la mer. Par des vents d'Ouest, un
navire, après avoir doublé la pointe de l'estran de l'Ouest, qui
forme barre dans le prolongement du chenal, ne pouvait franchir
contre vent et marée la longueur de la passe comprise entre la tête
des jetées et les profondeurs du large. Aujourd'hui le musoir en
charpente insubmersible, établi à l'extrémité de la jetée basse de
l'Est, permet aux navires d'arriver au touage jusque dans l'intérieur du chenal.

Ce musoir forme la tête de la jetée à claire-voie, installée le
long de la jetée basse qui prolonge vers le large la digue de halage insubmersible. Celle-ci, partant du petit Fort-Philippe, a été
terminée, en 1857, sur 410 mètres de longueur, prolongée, en
1860-61, sur 244 mètres, et se trouve en cours de construction
et d'achèvement sur près de 600 mètres.

Le prolongement de la digue insubmersible sur 600 mètres
était devenu nécessaire par l'élévation du niveau de l'estran de
l'Est : si l'on n'avait pas relevé la jetée basse dans cette étendue,
on devait s'attendre à voir, dans toute période de vents d'Est un
peu continus, les sables envahir l'intérieur du chenal en noyant
la jetée.

A l'Ouest, l'estran est encore plus menaçant. Il se continue déjà
régulièrement dans le chenal, absorbant complétement la jetée
submersible sur une partie de sa longueur; dans les périodes
prolongées de vents d'Est, cet effet persiste assez notablement
pour déterminer à l'intérieur du chenal des exhaussements tempo-

8.

raires du fond, qui vont jusqu'à près de 1 mètre au-dessus du zéro des échelles de marée du port, c'est-à-dire presque jusqu'au niveau des basses mers de morte eau.

L'estran de l'Ouest, quelle que soit la direction des vents, menace peu à peu d'envahir l'intervalle des jetées, et il importait à la conservation du chenal de relever la jetée de l'Ouest comme la jetée de l'Est.

On s'est résolu à construire une digue insubmersible de 1,230 mètres à l'Ouest, partant du grand Fort-Philippe et prolongée jusqu'à un point situé à 86 mètres en amont de la tête de la jetée basse, et à terminer, comme à l'Est, le chemin de halage par une jetée en charpente à claire-voie, semblable à celle de l'Est, mais beaucoup moins longue.

Les moyens de halage ainsi organisés étaient indispensables, à l'Est, pour les besoins de la navigation maritime proprement dite, en vue d'assurer l'accès du chenal par tous les vents et de permettre aux navires de remonter au halage jusqu'au Fort-Philippe; à l'Ouest, ils se trouvaient absolument nécessaires à la conservation du chenal, tout en étant d'une grande utilité pour assurer la sortie des bâtiments norwégiens, qui viennent chargés de bois, puis retournent dans le Nord, et aux bateaux pêcheurs, qui doivent le plus souvent aller chercher le poisson dans les bancs de Flandre et, par conséquent, choisir les vents d'Ouest pour faire route vers l'Est en partant de Gravelines.

Après les Norwégiens et les pêcheurs, les mouvements maritimes de Gravelines comprennent des navires qui vont en Angleterre porter des œufs et des pommes, et qui en reviennent soit sur lest, soit avec du charbon. On comprend de quelle utilité doivent être pour ces navires, destinés à prendre la mer par des vents d'Est, l'estacade d'appareillage au fond du chenal intérieur, du côté qui est sous le vent, et la passerelle de halage sur le goulet de l'écluse de chasse, pour les y amener du port d'échouage. Tout navire arrivant au fond du chenal par des vents de la partie de l'Est peut trouver

dans ces installations le moyen de se faire haler plus sûrement dans
le port d'échouage, sans courir le risque d'être poussé par le vent
sur le talus de la rive opposée.

Quant à l'augmentation du développement des quais, on s'est
décidé à conserver le plus longtemps possible ce qui reste des anciens quais en bois, à reporter les chantiers de construction immédiatement en amont de l'ancien quai des Norwégiens, à construire
100 mètres de nouveaux quais en avant de l'ancien emplacement
des chantiers, enfin à supprimer la saillie que formait le quai des
Norwégiens sur le prolongement des talus de rive droite à l'aval de
l'écluse Vauban. Ces dispositions se trouvent combinées de manière
à assurer pour plus tard les compléments d'installations que le commerce pourra réclamer.

Dans son état actuel, le tirant d'eau du port de Gravelines est
de 5ᵐ,30 en vive eau et de 4 mètres en morte eau. La puissance
des chasses n'est que strictement suffisante pour entretenir la profondeur du chenal dans les conditions nécessaires aux écoulements
du pays.

La navigation maritime locale s'en sert tant bien que mal dans
ces limites; mais il faudrait faire de grandes dépenses pour aug-
menter les moyens de chasses, si l'on voulait approfondir le port
spécialement au point de vue nautique.

Les ouvrages du port ne suffisent pas pour répondre aux véritables
besoins d'un établissement maritime commercial, quel que soit son
degré d'importance.

Pour qu'un port de commerce soit dans des conditions pratiques
d'exploitation, il faut assurer ses relations avec les canaux et les
voies ferrées par le secours des locomotives et de la batellerie, et
avec la mer par le secours du balisage et du remorquage.

Il faut aussi donner aux quais des superficies convenables,
créer des abris et des outillages pour la manutention des marchandises, et enfin utiliser le mieux possible les étendues d'eau rete-
nues à flot.

C'est ce qui resterait à faire à Gravelines, où la rivière de l'Aa, en amont de l'écluse 63 *bis* et le long de la coupure de dérivation 79 *bis*, est tout naturellement disposée pour recevoir des quais.

Pour le moment, le port de Gravelines ne possède aucun engin ni pour les chargements, déchargements et manutentions des marchandises, ni pour le mâtage et le démâtage des navires. Les quais ne sont pas couverts, et ils sont trop étroits.

Pour le radoub et la réparation des navires, l'outillage comprend un petit gril de carénage, construit et exploité par la ville, en aval du petit chenal qui fait suite à l'écluse de la Gérence. Les navires qui dépassent 150 à 200 tonneaux de jauge doivent être conduits dans d'autres ports pour les réparations qui ne comportent pas tous les embarras d'un hissage en chantier.

Les seules conditions d'outillage d'exploitation qui sont ou vont être convenablement remplies sont celles qui se rapportent à la communication du bassin à flot et du port avec les canaux de l'intérieur, et des quais du bassin avec le réseau des chemins de fer.

L'industrie de la construction navale dispose d'un emplacement convenable, et en retraite sur les parties du port d'échouage affectées au stationnement et à la circulation des navires, avec toutes les garanties possibles pour un plus grand développement, au fur et à mesure de l'extension des besoins.

Quant au mouvement des navires à l'entrée et dans l'intérieur du port, les moyens d'action sont dans des conditions très-ordinaires.

On trouve, depuis un an, un petit remorqueur de la force de cinquante chevaux-vapeur, appartenant à un armateur du port et fonctionnant librement à ses risques et périls; mais c'est à cela que se bornent les moyens de remorquage des navires, en attendant que la mise en exploitation du bassin à flot donne lieu à l'organisation du halage des navires à l'entrée et à la sortie de l'écluse Vauban, reconstruite comme écluse de navigation maritime.

Le chapitre V renferme les titres et dates des lois et décrets en vertu desquels fonctionne le service du pilotage.

De tout temps les opérations du lestage et du délestage des navires ont constitué à Gravelines une industrie libre, qui se trouve ainsi d'accord avec les principes posés par les circulaires des 23 juillet 1866 et 28 février 1867, sous la seule condition de satisfaire aux prescriptions du règlement général pour la police des ports de commerce.

CHAPITRE V.

STATISTIQUE MARITIME ET COMMERCIALE DU PORT DE GRAVELINES.

L'utilisation maritime et commerciale du port de Gravelines se présente actuellement dans des limites encore restreintes, sans variations bien importantes depuis une dizaine d'années, mais avec des augmentations notables comparativement à la période décennale antérieure de 1851 à 1861.

Les résultats effectifs se mesurent, en 1871, par les chiffres, rapportés au mètre courant de quai, de 95 tonneaux de jauge à l'entrée, et de 114 tonnes de marchandises manutentionnées dans l'année, et par un tonnage moyen de 83 tonneaux de jauge, correspondant à une charge moyenne de 100 tonnes, la charge maximum n'étant guère que de 400 tonnes pour un tonnage de 300 à 350 tonneaux.

Le trafic du port de Gravelines consiste presque exclusivement en arrivages de bois du Nord et de charbons d'Angleterre, et en exportations d'œufs, pommes et autres denrées pour la côte anglaise et la Tamise, indépendamment de la pêche des morues sur les côtes d'Islande et de la pêche côtière; cette dernière est aussi importante qu'à Dunkerque.

Les résultats de l'année 1871, un peu plus forts que ceux des années précédentes, peuvent se résumer comme il suit, en ce qui concerne le mouvement maritime du port et les perceptions correspondantes pour la dernière année du régime douanier de 1861.

Les perceptions ont présenté les résultats ci-dessous :

Droits de douanes...	Entrées............	24,403^f	24,403^f
	Sorties............	"	
Droits de navigation.........................			1,009
A reporter.............			25,412

Report................ 25,412^f
Droits sur les sels........................... 7,489
Droits accessoires. 208

Total. 33,109
Les perceptions en 1870 avaient été de............ 30,004

Différence en plus en 1871....... 3,105

Le mouvement général du port, pendant l'année 1871, a
compris :

Entrés : 373 navires, jaugeant 30,859 tonneaux, et portant 28,000 tonnes
de marchandises ;

Sortis : 360 navires, jaugeant 30,329 tonneaux, et portant 9,000 tonnes
de marchandises ;

Totaux : 733 navires, jaugeant 61,188 tonneaux, et portant 37,000 tonnes
de marchandises ;

Dont

1° En navires français, entrés et sortis :

666 navires, jaugeant 51,158 tonneaux, et portant 29,000 tonnes de
marchandises ;

2° En navires étrangers, entrés et sortis :

67 navires, jaugeant 10,030 tonneaux, et portant 8,000 tonnes de marchandises.

La différence avec l'année 1870 est, en plus, sur la totalité des
navires entrés et sortis, de 20 navires, de 4,526 tonneaux de
jauge et de 6,000 tonnes de marchandises.

Le tonnage moyen, en tonneaux de jauge, qui était de 80 tonneaux en 1870, a été de 83 tonneaux en 1871.

Dans ces nombres ne sont pas compris les mouvements d'entrée
et de sortie des bateaux de la navigation intérieure, qui se sont
produits de la manière suivante :

A l'entrée dans le port :

1,133 bateaux, jaugeant 40,641 tonneaux, et portant 13,168 tonnes
de marchandises ;

9

A la sortie du port :

1,136 bateaux, jaugeant 38,866 tonneaux, et portant 23,731 tonnes de marchandises.

Totaux : 2,269 bateaux, jaugeant 79,507 tonneaux, et portant 36,899 tonnes de marchandises.

Le nombre et le tonnage des navires entrés en relâche à Gravelines, en 1871, ont été de

5 navires, jaugeant ensemble 290 tonneaux ;

Dont

2 navires français, jaugeant ensemble 106 tonneaux ;
3 navires étrangers, jaugeant ensemble 184 tonneaux.

Le nombre des navires affectés à la pêche de la morue d'Islande, en 1871, a été de 8.

Leur tonnage a été de 857 tonneaux de jauge ;
Leurs équipages ont été, en total, de 134 hommes ;
Et leurs produits, de 3,000 quintaux métriques,
D'une valeur de 180,000 francs.

Le nombre des bateaux affectés à la pêche côtière, en 1871, a été de 76.

Leur tonnage a été de 1,672 tonneaux de jauge ;
Leurs équipages ont été, en total, de 600 hommes ;
Et leurs produits, de 25,876 quintaux métriques,
D'une valeur de 752,954 francs.

Le nombre des navires construits ou réparés dans le port et lancés en 1871 a été de 6.

Leur tonnage a été de 434 tonneaux de jauge.

Ils sont répartis comme il suit par espèces de bâtiments :

1 trois-mâts, réparé, jaugeant 256 tonneaux ;
1 sloop, réparé, jaugeant 79 tonneaux ;
4 lougres, construits, jaugeant ensemble 99 tonneaux.

Le nombre de navires naufragés ou échoués, en 1871, dans la

circonscription de l'arrondissement maritime de Gravelines, a été de 3, jaugeant ensemble 411 tonneaux. La perte qui en est résultée, comme valeurs, a été de 6,150 francs. On n'a eu à déplorer la perte d'aucun des hommes qui composaient les équipages de ces navires.

Les tableaux statistiques ci-joints donnent des indications détaillées sur les conditions économiques du port de Gravelines depuis plus de vingt ans. On ne connaît pas encore, à la date actuelle, tous les renseignements que fourniront les publications annuelles des douanes pour les années 1870, 1871 et 1872.

Mais, d'après les aperçus approximatifs que l'on a pu recueillir pour 1872, on doit penser que cette dernière année présentera des conditions analogues à la moyenne de la dernière période décennale.

STATISTIQUE

TABLEAU N° 1. — *Mouvement*

ANNÉES.	DÉPENSES ANNUELLES EN TRAVAUX				NOMBRE DES NAVIRES à voiles					NOMBRE DES NAVIRES à vapeur		
	d'entretien.	de grosses réparations.	d'améliorations (ouvrages neufs).	Total.	entrés		sortis		Total.	entrés.	sortis.	Total.
					à charge.	sur lest.	à cha. gr.	sur lest.				
1	2	3	4	5	6	7	8	9	10	11	12	13
	fr. c.	fr. c.	fr. c.	fr. c.								
1848..........	10,450 00	148,439 99	»	158,889 99	81	174	223	30	508	»	»	»
1849..........	9,852 59	158,855 70	»	168,708 29	70	148	178	35	431	»	»	»
1850..........	24,262 55	200,602 08	»	224,864 63	97	163	235	37	532	»	»	»
1851..........	19,369 41	61,016 00	»	83,885 41	95	162	232	36	525	»	»	»
1852..........	23,350 92	G. m. 3,500 00 / 84,914 36	»	108,265 28	105	182	240	57	584	»	»	»
1853..........	14,220 00	20,614 52	»	34,834 52	86	182	218	62	548	»	»	»
1854..........	13,955 75	20,040 45	»	33,996 20	92	204	254	42	592	»	»	»
1855..........	13,961 00	59,677 31	»	73,638 31	97	151	213	47	508	»	»	»
1856..........	13,080 50	55,947 78	»	69,028 28	149	172	238	84	643	»	»	»
1857..........	12,662 50	34,578 40	»	47,240 90	152	178	256	81	667	»	»	»
1858..........	8,459 15	31,326 27	»	39,785 42	132	173	235	81	621	»	»	»

OBSERVATIONS.

Colonnes 3, 4. — Les initiales G. m. veulent dire Génie militaire ; le nombre qui les suit indique la somme dépensée dans l'année en travaux militaires, en vue des améliorations du port.

Colonne 4. — Il n'y a pas eu de travaux neufs proprement dits à Gravelines depuis 1848 inclusivement.

Colonnes 11, 12, 13. — Il n'est entré aucun vapeur à Gravelines dans toute cette période de vingt-quatre années.

GÉNÉRALE.

de la navigation.

NOMBRE TOTAL DES NAVIRES à voiles et à vapeur						TOTAL DÉFINITIF.			TONNAGE ANNUEL TOTAL DES NAVIRES tant à l'entrée qu'à la sortie.						Tonnage moyen du port par année.	Droits de tonnage ou de navigation perçus annuellement.
entrés		sortis		Total					Étranger, colonies et grande pêche.		Cabotage France en France.		Total.			
à charge.	sur lest.	à charge.	sur lest.	à charge.	sur lest.	Entrés.	Sortis.	Total.	Navires.	Tonneaux.	Navires.	Tonneaux.	Navires.	Tonneaux.		
14	15	16	17	18	19	20	21	22	23	24	25	26	27	28	29	30
81	174	223	30	304	204	255	253	508	484	19,087	24	1,378	508	21,015	41	fr. 18,328
70	148	178	35	248	183	218	213	431	401	19,083	30	1,597	431	20,680	48	14,127
97	163	235	87	332	200	260	272	532	501	24,652	31	1,544	532	26,196	49	17,785
95	162	232	36	327	198	257	268	525	487	24,356	38	1,788	525	26,144	50	14,943
105	182	240	57	345	239	287	297	584	542	27,540	42	2,230	584	29,770	51	"
86	182	218	62	304	244	302	280	548	509	26,422	39	1,926	548	28,348	52	17,680
92	204	254	42	346	246	296	296	592	545	28,685	47	2,663	592	31,348	53	17,638
97	151	213	47	310	198	248	260	508	486	25,105	22	1,079	508	26,184	51	16,180
149	172	238	84	387	256	321	322	643	621	31,614	22	1,550	643	33,164	52	21,087
152	178	256	81	408	259	330	337	667	636	34,234	31	2,063	667	36,297	54	25,500
182	173	285	81	367	254	305	316	621	593	32,678	28	1,669	621	34,347	55	24,791

OBSERVATIONS.

Colonne 30. — Les résultats de cette colonne comprennent exclusivement les droits et les demi-droits de tonnage et les droits d'expédition des navires.

ANNÉES.	DÉPENSES ANNUELLES EN TRAVAUX				NOMBRE DES NAVIRES à voiles					NOMBRE DES NAVIRES à vapeur		
	d'entretien.	de grosses réparations.	d'améliorations (ouvrages neufs).	Total.	entrés à charge.	sur lest.	sortis à charge.	sur lest.	Total.	entrés.	sortis.	Total.
1	2	3	4	5	6	7	8	9	10	11	12	13
	fr. c.	fr. c.	fr. c.	fr. c.								
1859	8,566 10	23,197 36	»	31,763 46	142	201	287	53	583	»	»	»
1860	8,745 41	14,056 44 G. m. 40,000 00	»	63,401 85	178	189	207	108	622	»	»	»
1861	11,770 46	15,000 00	G. m. 36,701 91	63,570 46	198	172	163	118	751	»	»	»
1862	13,478 79	20,024 40 G. m. 2,365 00	G. m. 80,000 00	114,868 19	170	155	237	97	659	»	»	»
1863	13,201 90	24,286 39	G. m. 2,210 14 14,100 00	53,798 43	164	170	268	77	679	»	»	»
1864	12,504 29	35,050 66	36,801 43 G. m. 2,400 00	86,756 29	198	162	251	111	722	»	»	»
1865	13,541 95	12,098 68	21,815 71	46,956 29	185	131	203	121	640	»	»	»
1866	16,227 88	31,316 70	7,255 78	54,800 31	251	98	208	134	691	»	»	»
1867	16,332 19	29,858 25	4,919 40	51,109 84	255	112	211	165	743	»	»	»
1868	21,090 43	46,405 12	147,000 00 G. m. 2,400 00	216,895 55	293	147	253	171	864	»	»	»
1869	16,635 13	19,000 00	210,886 32 G. m. 26,800 00	273,321 45	248	91	131	209	679	»	»	»
1870	16,914 40	11,881 58	403,449 87	432,245 85	»	»	»	»	»	»	»	»
1871	17,955 13	14,500 00	373,987 46	406,442 59	»	»	»	»	»	»	»	»
1872	17,832 40	23,232 28	348,379 02	389,443 70	»	»	»	»	»	»	»	»

OBSERVATIONS.

Colonnes 3, 4. — Les initiales G. m. veulent dire Génie militaire; le nombre qui les suit indique la somme dépensée dans l'année en travaux militaires, en vue des améliorations du port.

Colonne 4. — Il n'y a pas eu de travaux neufs proprement dits à Gravelines depuis 1848 inclusivement.

Colonnes 11, 12, 13. — Il n'est entré aucun vapeur à Gravelines dans toute cette période de vingt-quatre années.

NOMBRE TOTAL DES NAVIRES à voiles et à vapeur						TOTAL DÉFINITIF.			TONNAGE ANNUEL TOTAL DES NAVIRES tant à l'entrée qu'à la sortie.						Tonnage moyen du port par année.	Droits de tonnage ou de navigation perçus annuellement.
entrés		sortis		Total		Entrés.	Sortis.	Total.	Étranger, colonies et grande pêche.		Cabotage France en France.		Total.			
à charge. 14	sur lest. 15	à charge. 16	sur lest. 17	à charge. 18	sur lest. 19	20	21	22	Navires. 23	Tonneaux. 24	Navires. 25	Tonneaux. 26	Navires. 27	Tonneaux. 28	29	30
169	201	287	53	429	254	343	340	683	668	37,147	15	926	683	88,073	57	fr. 30,128
173	139	207	103	380	242	312	310	622	611	35,102	11	712	622	35,814	58	26,903
198	172	263	118	461	290	370	381	751	727	45,423	24	1,850	751	47,273	63	82,512
170	155	237	97	407	252	325	334	659	642	39,133	17	1,344	659	40,477	61	24,671
164	170	268	77	432	247	334	345	679	653	40,308	26	1,642	679	41,950	62	25,120
198	162	251	111	449	273	360	362	722	697	44,703	25	1,619	722	46,822	64	25,941
185	131	203	121	388	252	316	324	640	619	40,327	21	1,604	640	41,931	65	20,207
251	98	208	134	459	282	349	342	691	678	45,116	13	890	691	46,006	67	23,162
255	112	211	165	406	277	367	376	743	724	49,354	19	1,383	743	50,737	68	1,658
293	147	253	171	546	318	440	424	864	852	66,908	12	652	864	67,560	78	1,225
248	91	181	209	379	300	339	340	679	668	51,843	11	724	679	52,567	77	1,125
»	»	»	»	»	»	358	352	710	»	»	»	»	710	56,662	80	1,055
»	»	»	»	»	»	373	360	733	»	»	»	»	733	61,188	83	1,009
»	»	»	»	»	»	270	274	544	»	»	»	»	544	47,637	87	»

OBSERVATIONS.

Colonne 3o. — Les résultats de cette colonne comprennent exclusivement les droits et les demi-droits de tonnage et les droits d'expédition des navires.

GRAVELINES.

Tableau n° 2. — *Mouvement des marchandises et des navires*

ANNÉES.	TIRANT D'EAU normal du chenal		TIRANT D'EAU normal sur les buses des écluses		Largeur des écluses du bassin à flot.	SUPERFICIE D'EAU			LONGUEUR DE QUAIS			SUPERFICIE des terre-pleins des quais affectés à la manutention des marchandises		
	en vive eau.	en morte eau.	en vive eau.	en morte eau.		de port d'échouage.	de bassins à flot.	totale.	de port d'échouage.	de bassins à flot.	totale.	de port d'échouage.	de bassins à flot.	totale.
	m.	m.	m.	m.	m.	hect.	hect.	hect.	m.	m.	m.	m. q.	m. q.	m. q.
1848	5,00	3,70	»	»	4	7,50	»	7,50	3»5	»	3»5	3,250	»	3,250
1849	Idem.	Idem.	»	»	»	Idem.	»	Idem.	Idem.	»	Idem.	Idem.	»	Idem.
1850	Idem.	Idem.	»	»	»	Idem.	»	Idem.	Idem.	»	Idem.	Idem.	»	Idem.
1851	Idem.	Idem.	»	»	»	Idem.	»	Idem.	Idem.	»	Idem.	Idem.	»	Idem.
1852	Idem.	Idem.	»	»	»	Idem.	»	Idem.	Idem.	»	Idem.	Idem.	»	Idem.
1853	Idem.	Idem.	»	»	»	Idem.	»	Idem.	Idem.	»	Idem.	Idem.	»	Idem.
1854	Idem.	Idem.	»	»	»	Idem.	»	Idem.	Idem.	»	Idem.	Idem.	»	Idem.
1855	Idem.	Idem.	»	»	»	Idem.	»	Idem.	Idem.	»	Idem.	Idem.	»	Idem.
1856	Idem.	Idem.	»	»	»	Idem.	»	Idem.	Idem.	»	Idem.	Idem.	»	Idem.
1857	Idem.	Idem.	»	»	»	Idem.	»	Idem.	Idem.	»	Idem.	Idem.	»	Idem.
1858	5,80	4,00	»	»	»	Idem.	»	Idem.	Idem.	»	Idem.	Idem.	»	Idem.
1859	Idem.	Idem.	»	»	»	Idem.	»	Idem.	Idem.	»	Idem.	Idem.	»	Idem.
1860	Idem.	Idem.	»	»	»	Idem.	»	Idem.	Idem.	»	Idem.	Idem.	»	Idem.
1861	Idem.	Idem.	»	»	»	Idem.	»	Idem.	Idem.	»	Idem.	Idem.	»	Idem.
1862	Idem.	Idem.	»	»	»	Idem.	»	Idem.	Idem.	»	Idem.	Idem.	»	Idem.
1863	Idem.	Idem.	»	»	»	Idem.	»	Idem.	Idem.	»	Idem.	Idem.	»	Idem.
1864	Idem.	Idem.	»	5	»	Idem.	»	Idem.	Idem.	»	Idem.	Idem.	»	Idem.
1865	Idem.	Idem.	»	»	»	Idem.	»	Idem.	Idem.	»	Idem.	Idem.	»	Idem.
1866	Idem.	Idem.	»	»	»	Idem.	»	Idem.	Idem.	»	Idem.	Idem.	»	Idem.
1867	Idem.	Idem.	»	»	»	Idem.	»	Idem.	Idem.	»	Idem.	Idem.	»	Idem.
1868	Idem.	Idem.	»	»	»	Idem.	»	Idem.	Idem.	»	Idem.	Idem.	»	Idem.
1869	Idem.	Idem.	»	»	»	Idem.	»	Idem.	Idem.	»	Idem.	Idem.	»	Idem.
1870	Idem.	Idem.	»	»	»	Idem.	»	Idem.	Idem.	»	Idem.	Idem.	»	Idem.
1871	Idem.	Idem.	»	»	»	Idem.	»	Idem.	Idem.	»	Idem.	Idem.	»	Idem.
1872	Idem.	Idem.	»	»	»	Idem.	»	Idem.	Idem.	»	Idem.	Idem.	»	Idem.

rapporté au développement et à la superficie des quais.

TONNAGE de jauge des navires à l'entrée.	TONNAGE total des marchandises tant à l'entrée qu'à la sortie.	NOMBRE de tonneaux de jauge desservis annuellement,		NOMBRE DE TONNES de marchandises manutentionnées annuellement,		Répartition du tonnage des marchandises entre le cabotage de France et le commerce extérieur.		NOMBRE de tonnes de marchandises entrées en entrepôt annuellement, non compris les sels de France.	DROITS de douane, entrée et sortie: droits accessoires perçus annuellement, non compris la taxe du sel.	STOCKS d'entrepôt en fin d'année (en tonnes), non compris les sels de France.
		par mètre courant de quai.	par mètre superficiel de quai.	par mètre courant de quai.	par mètre superficiel de quai.	Étranger, colonies et grde pêche.	Cabotage.			
tonneaux.	tonneaux.	tonneaux.	tonneaux.	tonnes.	tonnes.	tonnes.	tonnes.	tonnes.	fr.	tonnes.
10,273	11,154	32	3,200	34	3,400	11,000	154	»	75,711	»
10,855	10,720	32	3,200	33	3,300	10,500	220	»	73,651	»
12,849	15,419	39	3,900	47	4,700	15,000	419	531	84,512	77
12,720	15,115	39	3,900	46	4,600	14,500	615	849	84,512	107
14,419	16,254	44	4,400	50	5,000	15,500	754	698	»	246
13,700	14,501	42	4,200	45	4,500	14,000	501	574	79,457	342
15,599	16,303	48	4,800	50	5,000	16,000	303	793	92,370	379
12,626	15,158	39	3,900	47	4,700	15,000	113	640	77,278	261
16,271	18,263	50	5,000	56	5,600	18,000	263	469	102,719	259
17,914	21,230	55	5,500	65	6,500	21,000	230	423	127,086	291
16,618	18,805	51	5,100	58	5,800	18,487	368	766	103,035	237
19,034	20,818	58	5,800	64	6,400	20,555	503	757	108,145	499
18,061	20,629	56	5,600	63	6,300	20,489	140	472	101,097	309
23,139	25,778	71	7,100	79	7,900	24,768	1,010	216	103,683	164
19,897	21,994	61	6,100	67	6,700	21,593	381	639	108,056	442
20,533	23,358	63	6,300	74	7,200	23,048	310	667	56,466	448
23,056	24,040	71	7,100	74	7,400	24,023	17	318	16,835	804
20,622	22,987	63	6,300	70	7,000	22,695	292	304	13,564	267
23,314	28,909	72	7,200	89	8,900	28,684	225	215	18,293	147
24,969	34,414	77	7,700	106	10,600	34,053	361	527	24,705	140
34,448	44,448	106	10,600	138	13,800	44,247	1	874	24,294	169
26,194	35,949	80	8,000	111	11,100	35,804	145	850	27,870	142
29,027	31,000	89	8,900	95	9,500	»	»	»	26,152	»
30,859	37,000	95	9,500	114	11,400	»	»	»	24,611	»
23,500	»	72	7,200	»	»	»	»	»	»	»

Les voies de communication avec l'intérieur sont :

1° Comme voie navigable,
La rivière de l'Aa.

Elle aboutit à Gravelines en un seul bief, depuis Saint-Omer; elle s'appuie directement : sur l'écluse 63 *bis*, à l'amont du bassin à flot; sur l'écluse 60, tête d'amont du canal-sas de la Tuerie, et sur les écluses 71 et 71 *bis*, qui forment barrage en amont des fossés de la place.

Sur le cours de cette rivière, en remontant vers Saint-Omer, on trouve quatre têtes de dérivation : deux sur le Nord, le canal de Bourbourg, à 7 kilomètres de Gravelines, et le canal de la Colme, à 9 kilomètres de Saint-Omer; et deux sur le Pas-de-Calais, la petite rivière d'Oye, à la queue des glacis de la place de Gravelines, et le canal de Calais, à 13 kilomètres de Gravelines. C'est par là que ce port est rattaché à Dunkerque et à Calais, et au réseau général des voies navigables du Nord de la France.

Le tonnage de cette rivière, en ce qui concerne spécialement Gravelines, a été, en 1871, de 79,507 tonneaux de jauge et de 36,899 tonnes de marchandises; il avait été antérieurement

En 1870, de 62,569 tonneaux et de 28,634 tonnes;
En 1869, de 52,223 tonneaux et de 23,991 tonnes;

et il aura été, approximativement,

En 1872, de 66,592 tonneaux et de 31,216 tonnes de marchandises.

Le tirant d'eau de l'Aa, aux abords de Gravelines, sur les 5 à 6 derniers kilomètres d'aval, est de plus de 2 mètres à l'étiage de la rivière; mais, sur le reste de son cours et surtout en amont, entre Saint-Omer et le canal de Calais, il ne dépasse pas 1^m,50 en temps ordinaire. En été, la navigation y est souvent gênée par des disettes d'eau, qui font baisser le tirant d'eau jusqu'à 1 mètre; ce n'est alors qu'avec des alléges que les grands bateaux peuvent gagner les réseaux des voies navigables de l'intérieur.

2° Comme chemin de fer :

La ligne de Gravelines à Watten.

Elle rattache le port au réseau des chemins de fer de la compagnie du Nord, et dépend de la compagnie du Nord-Est. Cette petite ligne est terminée, mais la compagnie du Nord-Est ne l'a pas encore mise en exploitation.

Par suite d'une nouvelle concession faite le 15 septembre 1871, cette compagnie prépare la construction d'un autre chemin de fer entre Dunkerque et Calais, par Bourbourg et Gravelines; la nouvelle ligne, partant de la gare du chemin de fer du Nord, à Dunkerque, se raccordera à Bourbourg avec celle de Gravelines-Watten, et partira de la gare de Gravelines pour aller aboutir à Calais, à la gare du chemin de fer du Nord.

3° Comme routes et chemins :

La route nationale n° 40, de Calais à Ypres, par Gravelines et Dunkerque;

Le chemin vicinal de grande communication n° 11, de Cassel à Gravelines.

La circulation journalière moyenne sur ces voies, aux abords de Gravelines, se mesure par les nombres consignés au tableau suivant :

DÉSIGNATION DES ROUTE ET CHEMIN.	COLLIERS DES VOITURES					TOTAL DES COLLIERS des voitures chargées.	TOTAL GÉNÉRAL.
	D'AGRI-CULTURE.	DE ROULAGE.	D'ENTRE-PRISES régulières pour voyageurs.	PARTICU-LIÈRES.	VIDES.		
Route nationale n° 40:...	45	53	12	27	60	137	197
Chemin de grande communication n° 11........	29	36	4	28	36	97	133

Gravelines est très-peu importante au point de vue de l'industrie. Une scierie à vapeur, quelques brasseries et une meunerie à vapeur

10.

en sont à peu près les seuls établissements industriels. Les arme-
ments pour la pêche de la morue, la pêche côtière, et l'exportation
de certaines denrées agricoles à Londres constituent la principale
industrie maritime de la ville. Il ne s'y fait pas généralement d'ar-
mements au long cours.

La population de Gravelines, comprenant l'agglomération de
l'enceinte fortifiée et celles des deux hameaux qui dépendent de la
même commune, les Huttes et les Forts-Philippe, est aujourd'hui
de 7,733 habitants, d'après les résultats du recensement de 1872.

Le recensement de 1866 avait donné............ 6,518 habitants.
Celui de 1861............................. 6,428
Celui de 1856............................. 5,819
Et celui de 1851.......................... 5,678

La population a augmenté ainsi d'environ 36 p. o/o, ou de plus
de 1/3, dans les deux dernières périodes décennales écoulées.

Les renseignements bibliographiques qui se rapportent spécialement à Gravelines ne sont pas très-nombreux; indépendamment
de l'histoire générale des diverses nations ou maisons auxquelles
cette ville a successivement appartenu, on peut citer les documents
ci-dessous comme renfermant des détails sur l'histoire de la ville
et du port :

Dates
des   Titres généraux des documents et noms des auteurs.
publications.

1788-1790. Architecture hydraulique de Belidor.
1820-1826. De la navigation intérieure du Nord, des wateringues et des ports de Gra-
            velines et de Dunkerque, par J. Cordier, ingénieur en chef des ponts et
            chaussées.
1825. Carte de l'arrondissement de Dunkerque, par Bosquillon, ingénieur en chef des
            ponts et chaussées.
1833. Notice historique sur Gravelines, par H. Piers.
1845. Histoire de Gravelines, par F. Waguet.
1852. Histoire de Mardick, par Raymond de Bertrand.
1857. Ancien règlement de police du port de Gravelines.

1857. Histoire du couvent des Pauvres Clarisses anglaises de Gravelines, par R. de
Bertrand.

1858. Reconnaissance des voies locales existantes au v⁰ siècle, par M. Pigault de Beau-
pré, ingénieur des ponts et chaussées.

1860. Notice sur les eaux de l'arrondissement, au triple point de vue de l'alimentation,
de la salubrité et du desséchement, et de leur relation avec la navigation,
par M. Frédéric Vercoustre, conducteur des travaux des wateringues.

1860-1861. Deux éditions successives du plan général de la ville et du port de Gravelines, par M. A. Plocq, ingénieur des ponts et chaussées.

1861. Décrets des 29 août 1854 et 2 février 1861, portant règlements et tarifs du
service du pilotage, aux approches du port de Gravelines.

1862. Rapport sur la reconnaissance hydrographique faite en 1861 de la côte Nord
de la France, entre Calais et la frontière de Belgique, par M. de la Roche-
Poncié, ingénieur-hydrographe de la marine.

1863. Étude des courants et de la marche des alluvions aux abords du détroit de
Douvres et du Pas-de-Calais, sur les côtes de France et d'Angleterre, par
M. A. Plocq, ingénieur des ponts et chaussées.

1864. La rade et les bancs de Flandre, par M. Jonglez de Ligne.
Création d'un grand port sur la côte française de la mer du Nord, par M. Thém.
Lestiboudois.

1867. Règlement général pour la police des ports de commerce français, actuellement
en vigueur à Gravelines.

1868. Rapport de M. Deschamps de Pas, ingénieur des ponts et chaussées, sur les
diverses questions concernant le desséchement du bassin de la 7ᵉ section des
wateringues, et sa position par rapport à la navigation.

1869. Notice sur les ports de la Manche, par M. Dumas-Vence, capitaine de frégate.

1870. Étude sur le Portus Itius, par M. C. de Laroière.
Robert de Cassel, seigneur de Dunkerque, Gravelines, etc., par M. Carlier aîné.
Mémoires historiques de Louis XIV.
Annales du Comité flamand.
Archives du Nord et du Pas-de-Calais.
Archives de la mairie de Gravelines.
Archives et Mémoires de la Société dunkerquoise pour l'encouragement des
sciences, des lettres et des arts.
Catalogue de la bibliothèque communale des villes de Gravelines et de Saint-Omer.
Archives du service spécial des ports, phares et balises du département du
Nord. Archives de l'ingénieur en chef. Archives de l'ingénieur ordinaire du
port de Gravelines.

Les archives du service de l'ingénieur en chef des ports, phares et
balises du Nord remontent à 1785. Elles sont complètes en ce qui

concerne le port et le chenal proprement dit ; mais les écluses
n'ayant été remises au service des ports de commerce que peu à
peu, le service du génie a gardé la plupart des documents qui se
rapportent à ces ouvrages, et les archives du port de Gravelines
présentent à cet égard de regrettables lacunes.

RENSEIGNEMENTS GÉNÉRAUX.

MARÉES.

Établissement du port................................ 12 heures.
Unité de hauteur.................................... 2ᵐ,92
Durée de l'étale.................................... De 15 à 30 minutes.

HAUTEUR, PAR RAPPORT AU ZÉRO DES CARTES MARINES, DU NIVEAU MOYEN

Des pleines mers de vive eau ordinaires..................... 6ᵐ,52
Des pleines mers de morte eau ordinaires.................. 5 ,22

CHENAL ENTRE LES JETÉES.

Largeur à l'entrée...................................... 60ᵐ,00

Longueur....... { Chenal extérieur........... 1,500ᵐ,00 } 3,300 ,00
{ Chenal intérieur........... 1,800 ,00 }

Profondeur d'eau. { en vive eau ordinaire.................. 5 ,50
{ en morte eau ordinaire................ 4 ,20

ÉCLUSES DES BASSINS À FLOT.

Écluse Vauban
à deux pertuis,
en reconstruction.

Largeur........ { Grand passage....... 10ᵐ,00
{ Petit passage........ 8 ,00

Longueur de l'écluse simple sans sas........ ″

Hauteur d'eau sur le { en vive eau ordinaire . 5 ,50
buse de l'écluse... { en morte eau ordinaire. 4 ,20

SUPERFICIE AFFECTÉE AU SÉJOUR DES NAVIRES.

Avant-port...................................... 3ʰ,00ᵃ
Port d'échouage................................... 1 ,50
Bassin à flot..................................... 2 ,50

LONGUEUR TOTALE DES QUAIS

Du port d'échouage............................. 325 mètres courants.
Du bassin à flot............................... 600

SUPERFICIE TOTALE DES TERRE-PLEINS DES QUAIS

Du port d'échouage............................. .... 3,250 mètres carrés.
Du bassin à flot................................ 10,000

BASSIN DES CHASSES.

Superficie... .... 20 hectares.
Contenance utile en pleine mer de vive eau ordinaire.......... 400,000 mètres cubes.

Dépenses totales de premier établissement au 1ᵉʳ janvier 1873.... 6,000,000 francs.

NAVIGATION À VOILES.

ANNÉES.	NOMBRE DES NAVIRES				TONNAGE	
	CHARGÉS.	SUR LEST.	EN RELÂCHE.	TOTAL.	TOTAL des navires chargés.	TOTAL des navires français et étrangers.
1	2	3	4	5	6	7

ENTRÉES.

1860.............	173	139	6	312	11,666	18,061
1861.............	198	172	2	370	14,934	23,139
1862.............	170	155	2	325	12,051	19,897
1863.............	164	170	"	334	12,320	20,533
1864.............	198	162	1	360	14,485	23,056
1865.............	185	131	1	316	13,607	20,622
1866.............	251	98	2	349	18,228	23,314
1867.............	255	112	6	367	19,188	24,969
1868.............	293	147	11	440	26,633	34,448
1869.............	248	91	"	339	21,413	26,124

SORTIES.

1860.............	207	103	6	310	10,433	17,753
1861.............	263	118	2	381	13,298	24,134
1862.............	237	97	2	334	12,914	20,580
1863.............	268	77	"	345	14,326	21,417
1864.............	251	111	1	362	14,167	23,266
1865.............	203	121	1	324	11,118	21,309
1866.............	208	134	2	342	11,747	22,692
1867.............	211	165	6	376	12,132	25,768
1868.............	253	171	11	424	15,125	33,112
1869.............	131	209	"	340	7,755	26,443

OBSERVATIONS.

Les chiffres des colonnes 5 à 7 ne comprennent pas les navires en relâche qui ne correspondent pas à des opérations commerciales.

11

ENTRÉES.

Nota. — Le port de Gravelines n'a pas reçu de navires à vapeur pendant la période décennale de 1860 à 1870.

ANNÉES.	NATIONALITÉS.	NAVIRES À VOILES.				RELÂCHEURS.		TOTAL des DEUX CATÉGORIES.	
		NOMBRE.			TONNAGE.	NOMBRE.	TONNAGE.	NOMBRE.	TONNAGE.
		CHARGÉS.	SUR LEST.	TOTAL.					
1860	Français.....	159	138	297	15,578	6	358	318	18,419
	Étrangers.....	14	1	15	2,483	"	"		
1861	Français.....	170	164	334	18,850	2	75	372	23,214
	Étrangers....	28	8	36	4,289	"	"		
1862	Français.....	160	155	315	18,397	2	135	327	20,032
	Étrangers....	10	"	10	1,500	"	"		
1863	Français.....	153	168	321	18,885	"	"	334	20,533
	Étrangers....	11	2	13	1,648	"	"		
1864	Français.....	185	157	342	21,220	2	205	362	23,261
	Étrangers.....	13	5	18	1,836	"	"		
1865	Français.....	177	131	308	19,771	3	254	319	20,876
	Étrangers.....	8	"	8	851	"	"		
1866	Français.....	242	98	340	22,391	2	204	351	23,518
	Étrangers.....	9	"	9	923	"	"		
1867	Français.....	235	112	347	22,307	4	346	371	25,315
	Étrangers....	20	"	20	2,662	"	"		
1868	Français.....	228	146	374	24,622	7	473	448	34,987
	Étrangers.....	65	1	66	9,826	1	66		
1869	Français.....	200	90	290	19,879	1	61	340	26,185
	Étrangers.....	48	1	49	6,245	"	"		

SORTIES.

Nota. — Le port de Gravelines n'a pas expédié de navires à vapeur pendant la période décennale de 1860 à 1870.

ANNÉES.	NATIONALITÉS.	NAVIRES À VOILES.				RELÂCHEURS.		TOTAL des DEUX CATÉGORIES.	
		NOMBRE.			TONNAGE.	NOMBRE.	TONNAGE.	NOMBRE.	TONNAGE.
		CHARGÉS.	SUR LEST.	TOTAL.					
1860	Français.....	206	91	297	15,587	6	358	316	18,111
	Étrangers.....	1	12	13	2,166	"	"		
1861	Français.....	255	89	344	19,607	2	75	383	24,209
	Étrangers.....	8	29	37	4,527	"	"		
1862	Français.....	237	87	324	19,028	2	135	336	20,715
	Étrangers.....	"	10	10	1,552	"	"		
1863	Français.....	266	67	333	19,922	"	"	345	21,417
	Étrangers.....	2	10	12	1,495	"	"		
1864	Français.....	246	98	344	21,358	2	205	364	23,471
	Étrangers	5	13	18	1,908	"	"		
1865	Français.....	203	113	316	20,474	3	254	327	21,563
	Étrangers.....	"	8	8	835	"	"		
1866	Français.....	208	126	334	21,883	2	204	344	22,896
	Étrangers.....	"	8	8	809	"	"		
1867	Français.....	210	147	357	23,325	4	346	380	26,114
	Étrangers.....	1	18	19	2,443	"	"		
1868	Français.....	253	110	363	23,794	7	473	432	33,651
	Étrangers.....	"	61	61	9,388	1	66		
1869	Français.....	131	160	291	20,270	1	61	341	26,504
	Étrangers.....	"	49	49	6,173	"	"		

GRAVELINES.

IMPORTATIONS ET EXPORTATIONS.

ANNÉES.	IMPORTATIONS			EXPORTATIONS		
	PROVENANT DE PORTS FRANÇAIS ET ÉTRANGERS (en tonnes de 1,000 k.).		RÉUNIES.	PROVENANT DE PORTS FRANÇAIS ET ÉTRANGERS (en tonnes de 1,000 k.).		RÉUNIES.
1860.........	13,893 [1]	5 [2]	13,898	6,596 [1]	135 [2]	6,731
1861.........	17,208	480	17,688	7,560	530	8,090
1862.........	13,376	301	13,677	8,217	30	8,247
1863.........	13,915	262	14,177	9,133	48	9,181
1864.........	15,432	17	15,449	8,591	"	8,591
1865.........	16,045	281	16,326	6,650	11	6,661
1866.........	21,621	109	21,730	7,063	116	7,179
1867.........	27,008	191	27,199	7,045	170	7,215
1868.........	35,043	"	35,043	9,204	1	9,205
1869.........	31,090	97	31,187	4,714	48	4,762

OBSERVATIONS.

[1] Marchandises correspondant au commerce extérieur avec l'étranger, les colonies, et à la grande pêche.

[2] Marchandises correspondant au cabotage de France en France.

DROITS DE DOUANE.

ANNÉES.	IMPORTATIONS.	EXPORTATIONS.	ACCESSOIRES.	NAVIGATION.	TAXE DES SELS.
	fr.	fr.	fr.	fr.	fr.
1860.......	32,126	68,971	1,034	25,869	1,407
1861.......	29,061	74,622	1,188	31,324	453
1862.......	36,084	71,972	898	23,773	911
1863.......	23,127	33,062	900	23,216	991
1864.......	16,603	"	232	25,941	1,924
1865.......	13,341	"	223	20,207	510
1866.......	18,625	"	298	23,162	371
1867.......	24,471	"	234	1,058	278
1868.......	24,039	"	255	1,225	307
1869.......	25,077	"	259	1,125	822

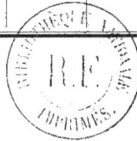

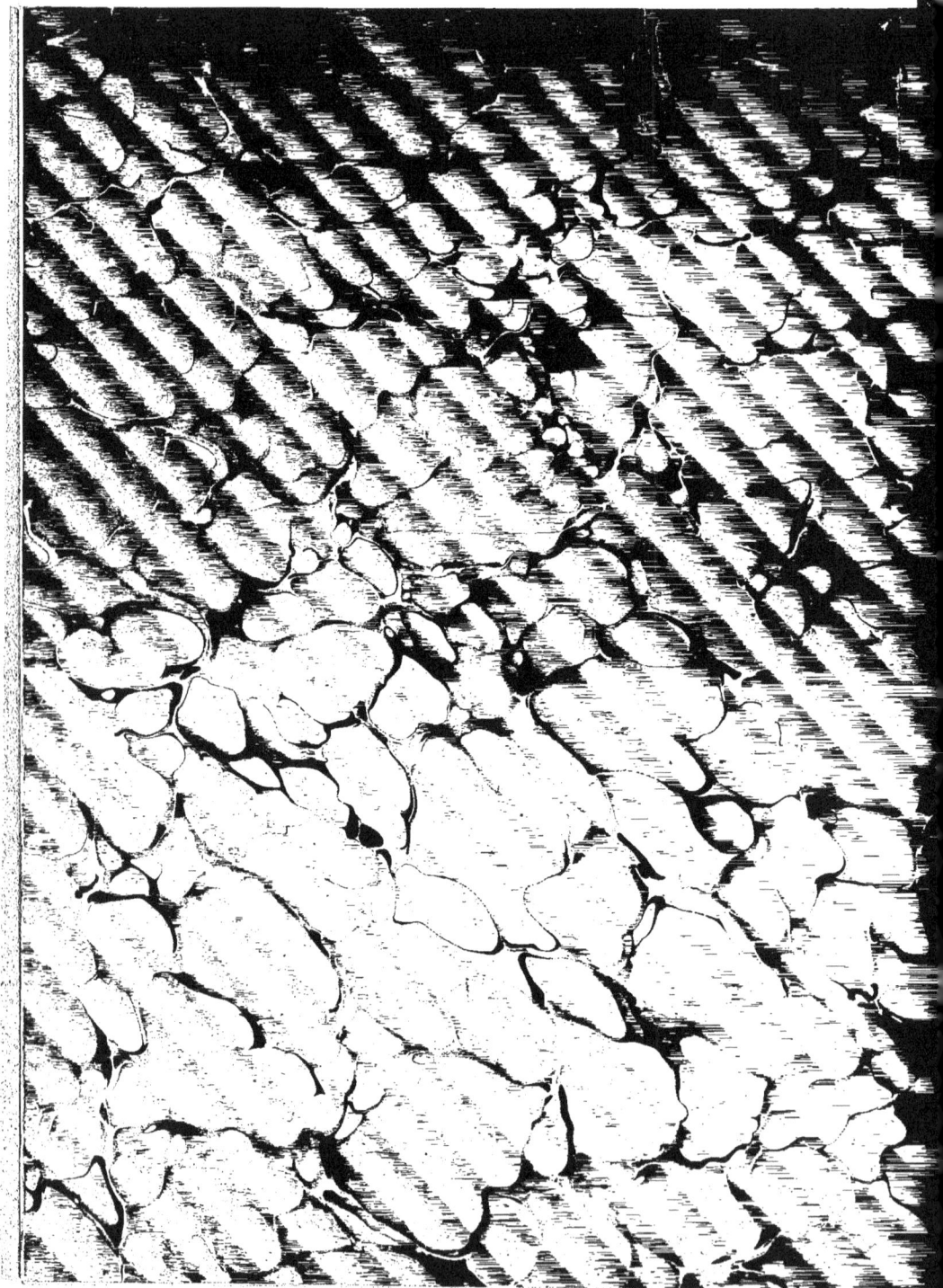

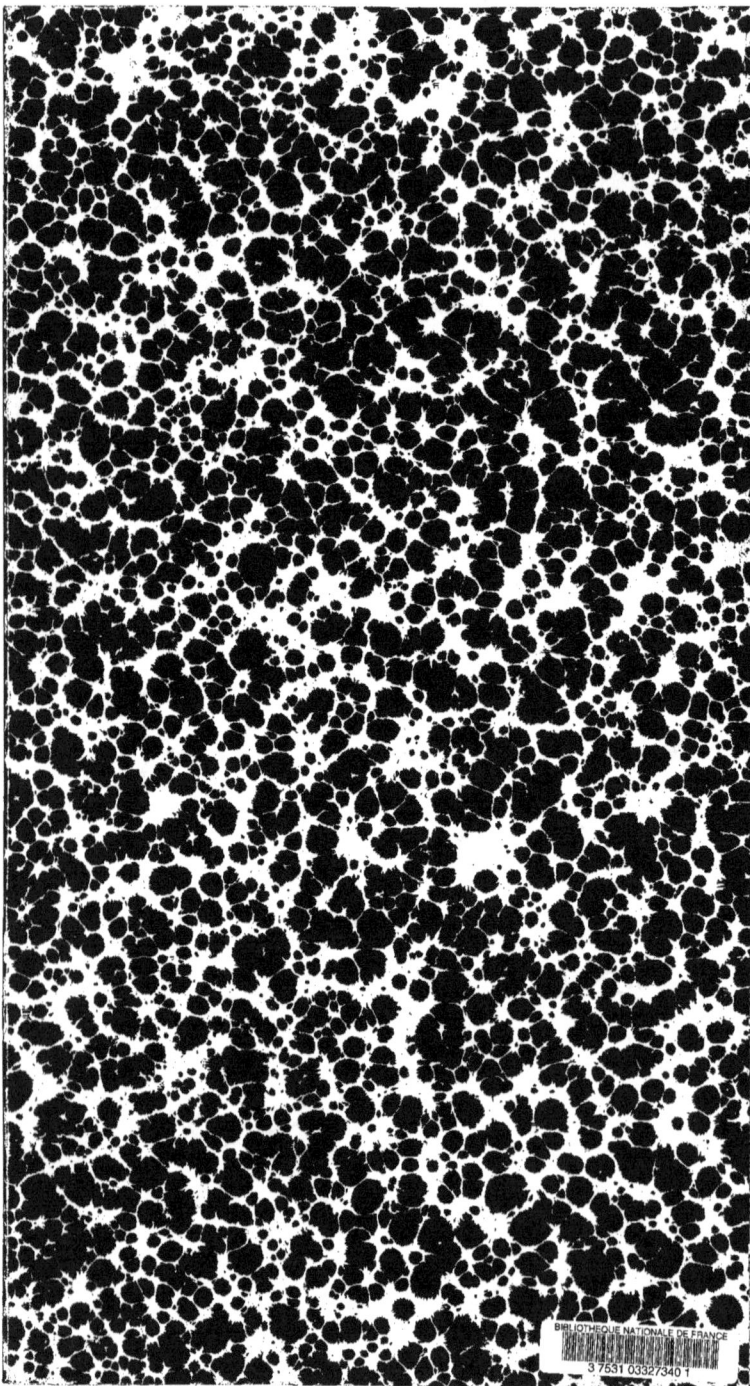